中华人民共和国海船船员培训合格证考试培训教材

交通运输类"十四五"创新教材
符合《海船船员培训大纲（2021版）》《海船船员考试大纲（2022版）》要求

JIBEN ANQUAN —— JIBEN JIJIU

基 本 安 全
—— 基本急救

中国海事服务中心 组织编审

大连海事大学出版社
DALIAN MARITIME UNIVERSITY PRESS

U0650792

Ⓒ 中国海事服务中心　　2023

图书在版编目（CIP）数据

基本安全. 基本急救／中国海事服务中心编. — 大
连：大连海事大学出版社，2023.6（2023.8 重印）
中华人民共和国海船船员培训合格证考试培训教材
ISBN 978-7-5632-4400-3

Ⅰ．①基…　Ⅱ．①中…　Ⅲ．①航海医学–急救–资格
考试–教材　Ⅳ．①U698②R83

中国国家版本馆 CIP 数据核字（2023）第 101422 号

大连海事大学出版社出版

地址：大连市黄浦路523号　邮编：116026　电话：0411-84729665（营销部）　84729480（总编室）

http://press.dlmu.edu.cn　　E-mail：dmupress@dlmu.edu.cn

大连金华光彩色印刷有限公司印装　　　　　　大连海事大学出版社发行

2023 年 6 月第 1 版　　　　　　　　　　2023 年 8 月第 2 次印刷

幅面尺寸：184 mm×260 mm　　　　印张：5　　　　字数：111 千

出版人：刘明凯

责任编辑：王桂云　　　　　　　　　　　　　　责任校对：刘宝龙

封面设计：解瑶瑶　　　　　　　　　　　　　　版式设计：解瑶瑶

ISBN 978-7-5632-4400-3　　　定价：29.00 元

中华人民共和国海船船员
培训合格证考试

■ 培训教材编审委员会

主　　任:孙玉清

委　　员:(按姓氏笔画排序)

王　勇　刘正江　刘红明　吴丽华　吴宗保　赵友涛　施祝斌
姚　杰

■ 审定委员会

主　　任:孙玉清

委　　员:(按姓氏笔画排序)

王　捷　王平义　王明春　吕　明　刘锦辉　李忆星　李建国
杨甲奇　肖亚明　张庆宇　张守波　陈晓琴　苗永臣　范　鑫
周明顺　唐强荣　黄江昆　景向伟

编写委员会

前　言

　　《中华人民共和国海船船员培训合格证书签发管理办法》已于 2019 年修订并于 2019 年 10 月 1 日起施行。交通运输部 2021 年发布的《海船船员培训大纲(2021 版)》,对海船船员培训合格证的适任要求,培训的理论知识、实践技能,评价标准及学时等做出了详细规定;中华人民共和国海事局根据《中华人民共和国海船船员适任考试和发证规则》和《海船船员培训大纲(2021 版)》编制并发布的《海船船员考试大纲(2022 版)》,对海船船员培训合格证理论考试大纲、实操评估大纲做出了详细规定。

　　为了更好地实施高素质船员队伍建设,在新形势、新要求下推进并完善海船船员培训工作,增强海船船员的个人安全意识,进一步提升海船船员适任能力,中国海事服务中心组织具有丰富培训教学经验和航海实践经验的专家编写并审定了本套"中华人民共和国海船船员培训合格证考试培训教材"。

　　本套教材满足《1978 年海员培训、发证和值班标准国际公约马尼拉修正案》、《海船船员培训大纲(2021 版)》和《海船船员考试大纲(2022 版)》对海船船员培训合格证的各项要求,紧密结合我国有关船员职业培训的最新规定,知识点全面,图文并茂,易于学习、理解,可作为海船船员培训合格证培训用书,亦可作为船上人员解决工作中实际问题的工具书。

　　本套教材包括:

Z01	《基本安全——个人求生》
	《基本安全——防火与灭火》
	《基本安全——基本急救》
	《基本安全——个人安全与社会责任》
Z02	《救生艇筏和救助艇操作与管理》
Z03	《快速救助艇操作与管理》
Z04	《船舶高级消防》
Z05	《船舶精通急救》
Z06	《船上医护》
Z07、Z08	《船舶保安意识与职责》
Z09	《船舶保安员》
T01	《油船和化学品船货物操作(基本培训适用)》
T02	《油船货物操作(高级培训适用)》

(续表)

T03	《化学品船货物操作(高级培训适用)》
T04	《液化气船货物操作(基本培训适用)》
T05	《液化气船货物操作(高级培训适用)》
T06	《客船操作与管理》
T07	《大型船舶操纵》
T081、T082	《高速船操作与管理》
T09、T10	《船舶装载包装及散装固体危险和有害物质操作与管理》
T11、T12	《使用气体或其他低闪点燃料船舶操作与管理》
T13、T14	《极地水域船舶操作与管理》

在本套教材的编写、出版过程中,得到了各直属海事局、航海教育培训机构、航运企业及大连海事大学出版社等单位的大力支持,特致谢意。

中国海事服务中心
2022 年 10 月

扫码学习《深入学习贯彻党的二十大精神　加快建设交通强国当好中国式现代化开路先锋》

编者的话

　　《基本安全—基本急救》依据《海船船员培训大纲(2021版)》和《海船船员考试大纲(2022版)》对海船船员培训合格证的各项要求,紧密结合我国有关船员职业培训的最新规定编写,适用于海上所有船员Z01基本安全培训合格证的考试培训,也可作为船上人员解决工作中实际问题的工具书。

　　本书共分为五章,内容包括:第一章基本急救概述,第二章人体构造及其生理功能,第三章伤病员病情评估,第四章船上急症及应对措施,第五章急救箱和常用急救药品。

　　本书由王健、庞辉、赵磊、邵景政担任主编,曹勇、张磊担任主审。朱文青、李忆星、郭春燕、梁晓丽参与了本书的编写。全书由王健统稿。

　　航海类培训教材的编写需要注重理论联系实际。因此,开发建设质量高、资源丰富、适应现代化航运发展的立体化教材是非常必要的。本书在编写过程中,立足于船舶生产实践,借助最新的虚拟现实理论、多媒体技术等,配套开发了仿真设备操作、二/三维动画、视频、AR资源、教学课件等,同时提供多媒体、三维漫游以及三维实操等训练方式,旨在打造国内首套融合文本、VR、AR、视频、音频、动画、线上资源、仿真训练等多种资源于一体的海船船员培训合格证立体化教学资源。将课堂理论教学与实训实习等环节有机结合起来,丰富了教学内容。在立体化教学资源开发过程中,得到了中国海事服务中心王希行船长、福建船政交通职业学院李翼副教授和张明船长,以及大连海事大学任鸿翔教授的鼎力帮助,在此表示衷心的感谢。

　　航海科技日新月异,相关国际公约、各国法律法规、行业标准和规定也在不断进步和完善,本套教材未尽之处请广大同仁和读者批评斧正。

编　者
2022年10月

目　录

第一章
基本急救概述

第一节
基本急救的目的和原则

【要点】

鉴于海员工作环境的特殊性,为了满足国际海事组织(IMO)的要求,每位船员必须掌握《1978年海员培训、发证和值班标准国际公约》马尼拉修正案(简称"STCW公约马尼拉修正案")规定的基本急救知识,以便在紧急情况下,能够对伤病人员采取相应的急救措施,以减轻其痛苦,防止病情恶化,为后续治疗打下良好的基础。

【必备知识】

一、定义

急救是针对短时间内威胁人体生命安全的意外伤害和急症所采取的一种紧急医疗措施。现场急救是急救护理的核心,在某些突发的疾病和人身伤害事故中,如果第一目击者或第一反应者具备一定的急救知识,并能采取快速正确的急救措施以维持患者的基本生命活动,直到交由专业医务人员来处理,将大大提高救治的成功率。

海上急救是指在船上对伤病人员进行包括心肺复苏术、止血、包扎、骨折固定、伤员搬运等在内的紧急处理,以减少伤病人员的痛苦,防止病情进一步恶化甚至死亡的医疗措施。

二、基本急救的目的

基本急救的目的是通过采取一定的急救措施(如控制伤病人员出血,做好骨折的固定救助,去除中毒物质以防止进一步伤害人员等),以达到恢复心跳和呼吸,控制出血,减轻患者痛苦,防止其病情恶化,以挽救和延续伤病人员的生命。

三、基本急救的原则

急救过程中要确保措施正确、动作迅速,且遵守以下原则:

(1)对于多人受伤情况,应根据伤病人员的受伤部位及程度,区分轻重缓急,并进行分级处理。

(2)对无呼吸、无心跳的伤病人员,应立即采取心肺复苏术实施救助。

(3)对有出血的伤病人员,应立即采取止血措施。

(4)对骨折伤员,应做好骨折固定救助。

(5)对于开放性外伤的人员,禁止将暴露于体外的骨折断端回纳入体内,应先止血、清创,再进行简易的包扎固定,然后进行专业的救治。

(6)对于原因不明的疼痛,特别是急腹症时不要用强力的镇痛药。

(7)对中毒或出现休克者,要迅速给予相应的抢救。

(8)救助过程中应鼓励、安慰伤病患者,以稳定伤病患者的情绪,帮助其树立必胜信心。

(9)可以通过无线电设备寻求专业医务人员的医疗指导。

【思考题】

1.基本急救的目的是什么?

2.基本急救的原则有哪些?

第二节

海上急救的方式

【要点】

常见的海上急救方式包括现场急救和外来援助。外来援助主要包括无线电医嘱以及直升机救援。

【必备知识】

一、现场急救

现场急救是指在船舶生产生活中所发生的各种意外伤害事故、急性中毒、外伤和突发危重病员等情况,为了防止病情恶化、减少病人痛苦和预防休克等所应采取的一种初步紧急救护措施。

现场急救大致包括如下流程:

1.评估现场急救环境是否安全。确认急救场所及周围环境的安全性,若伤病人员处于危险区域,则应先将伤病人员转移至安全区域,然后进行急救。

2.及时识别判断需要立即抢救的伤病员。及时评估伤病员的病情,对无呼吸、无脉搏的伤病员进行及时救助。

3. 采取正确的外伤急救措施。对有呼吸、脉搏或已恢复的伤病员进行适当的外伤急救,如清理伤口、止血、包扎、骨折固定等。

二、外来援助

当船舶伤病人员需要外来援助时,应首先与海岸无线电中心取得联系,请求医疗帮助。医生会根据伤病人员资料判断伤情危重情况,并给予一定的处理措施。如病情较为严重,可申请直升机救助。

1. 无线电医嘱

无线电医疗服务是由海岸电台与当地的医疗机构共同组成的专门为海上医疗服务的组织。海岸电台在接到船上要求医疗援助的电讯后会立即与当地医疗机构联系,对船上伤病员所急需的援助内容迅速做出答复。若海岸电台不在船上无线电话通信范围内,可直接用无线电话与当地医院联系以及时取得医疗指导和帮助。

(1)船舶的相关信息

- 船名;
- 呼号;
- 日期及时间(国际标准时间);
- 航线、航速、方位;
- 距离目的港的时间;
- 距离最近港口的时间;
- 距离其他可能到达的港口的时间;
- 当地的天气情况。

(2)伤病人员的相关信息

- 病人姓名;
- 性别、年龄;
- 船上工种(职务);
- 既往病史。

(3)疾病的相关细节

- 第一次发病的时间;
- 发病的过程(急性、慢性);
- 病人第一次叙述的病情;
- 列举病人所有的叙述及症状;
- 描写从开始到现在疾病的发展过程;
- 提供过去重要的疾病、受伤、手术史;
- 提供已知疾病的家族史;
- 描述可能重要的社会关系和职业;
- 详细罗列发病前服用过的药物的剂量、用法;
- 病人是否服用了酒精及非治疗药物。

(4)外伤病人的相关信息

● 准确说明是如何受伤的;

● 发生外伤的时间;

● 病人的叙述内容;

● 提供过去重要的疾病、受伤、手术史;

● 详细罗列受伤前服用过的药物的剂量、用法;

● 病人是否服用了白酒及非治疗药物;

● 病人是否记得发生的每一件事,或者是否有短暂的意识丧失;

● 如果有意识丧失,描写发生时间、持续时间和无意识程度。

(5)病人的体检结果信息

● 体温、脉搏、呼吸、血压、神志;

● 描述病人的一般情况;

● 描述病变部位的情况,按轻重列出伤势;

● 检查病变部位时所发现的病症(如肿胀、触痛、活动受限等)以及出血情况;

● 已经做过的检查及其结果(尿液等)。

(6)诊断信息

● 诊断结果;

● 是否考虑过是其他疾病(不同的诊断)?

(7)治疗信息

● 详细罗列发病后服用过的药物的剂量、服药时间、用法;

● 病人对治疗的反应如何;

● 外伤后首先采取的急救措施。

(8)救助中的困难及所需建议

● 目前最大的困难;

● 最需要得到的建议。

另外,在国际信号规则中由 M 字母开头的三字母信号也是用于船舶之间有关业务通信的,必要时可以查阅和利用。

2. 直升机救援

当伤病人员的病情较为严重时,可申请直升机救助。当收到直升机确认救援的通知时,在船人员应做好如下准备工作:

● 提供船名、呼号、船舶的位置信息、船体颜色等;

● 提供病人的具体情况、活动能力,以确定是否需要担架;

● 利用无线电通信设备与直升机取得并保持联系;

● 按直升机驾驶员的要求,保持航向和航速;

● 为帮助飞行员辨认目标,可设置橙色烟雾信号、日光反射镜等求救信号;

● 直升机邻近时,利用船上的旗帜、厨房烟囱的烟雾确定风向;

● 直升机降落区域用白色大写字母"H"标记,且附近没有其他障碍物;

● 绞车电缆接地工作由机组人员完成,绞车开始工作后,船舶不要尝试寻找背风处;

● 待伤病人员穿上救生衣后,在担架上将其用皮带固定,用绞车拉上飞机;

• 如果事故发生在夜晚,需要保持足够的亮度,应用灯光为飞行员照亮附近的物体,要避免强光直接照射在飞机上;

• 将伤病员的个人资料、病况、已采取的治疗措施等信息放在一个塑料口袋中,随伤病员携带。

【思考题】

1. 船上急救人员申请无线电医嘱时,应做好哪些方面的沟通工作?

2. 直升机在救援前,应做好哪些方面的准备工作?

第二章
人体构造及其生理功能

细胞是组成人体的基本单位,大量的细胞构成组织,各种组织构成器官。通常,人体由运动系统、循环系统、呼吸系统、消化系统、神经系统、泌尿系统、生殖系统、内分泌系统等组成。

第一节
运动系统

【要点】

运动系统一般由骨、关节(骨连结)及骨骼肌组成,约占成人体重的60%。运动系统的第一个功能是运动。在神经系统的支配下,骨骼肌收缩,牵拉其所附着的骨,以关节(骨连结)为枢纽,产生杠杆运动。骨骼肌是运动的动力来源,关节(骨连结)是运动的枢纽,骨为运动的被动部分。运动系统的第二个功能是支持,构成人体基本形态,头、颈、胸、腹、四肢,维持体姿。运动系统的第三个功能是保护由骨、关节(骨连结)和骨骼肌形成的多个体腔,如颅腔、胸腔、腹腔等。

【必备知识】

一、骨

骨是一种器官,主要由骨组织构成,具有一定的形态和构造,外被骨膜,内容骨髓,坚韧而有弹性,有丰富的血管、神经及淋巴管分布,能不断进行新陈代谢和生长发育,并有修复、再生和改造的能力。骨基质中有大量钙盐和磷酸盐沉积,是人体钙、磷的贮存库,参与人体的钙磷代谢。骨髓有造血功能,但如果骨髓造血功能低下,可导致再生障碍性贫血。

1. 骨的分类

成人共有206块骨。按其所在部位可分为躯干骨、颅骨和四肢骨;按形态可分为长骨、短骨、扁骨和不规则骨。

- 长骨呈长管状,可分一体(骨干)两端(骺);
- 短骨呈立方形,多位于连结牢固并有一定灵活性的部位;
- 扁骨呈板状,主要构成容纳重要器官的腔壁,起保护作用;
- 不规则骨形状不规则,如椎骨和某些颅骨。

2. 骨的构造

骨是由骨质、骨膜和骨髓构成的,并有血管、淋巴管和神经分布,如图2-1-1所示。

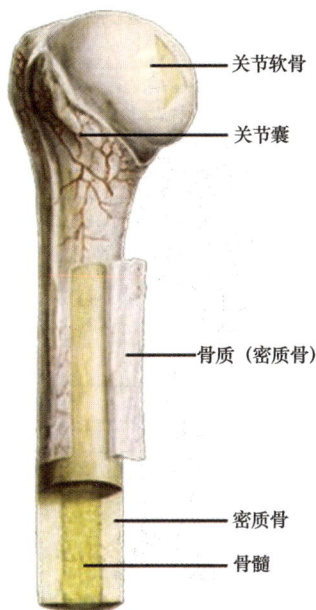

关节软骨

关节囊

骨质(密质骨)

密质骨

骨髓

图 2-1-1 骨的构造

- 骨质:构成骨的主体部分。骨质分为骨密质和骨松质两种。
- 骨膜:一层致密的纤维结缔组织膜,富含血管、神经、成骨细胞和破骨细胞,对骨的生长、发育、修复和改造起重要作用。
- 骨髓:充满于长骨的髓腔和骨松质的间隙内。骨髓可分为红骨髓和黄骨髓两种。红骨髓有造血功能,呈红色。黄骨髓含大量的脂肪组织,无造血功能。临床上常在髂结节、髂后上棘和胸骨等处穿刺取样检查骨髓象,协助诊断疾病。

3. 骨的分布

人体的206块骨通过关节和韧带连接成骨骼。骨骼的形态和结构与其在运动中所担负的工作相适应,主要分为中轴骨骼、上肢骨骼及下肢骨骼,如图2-1-2和图2-1-3所示。

(1)中轴骨骼(80块)

中轴骨骼由躯干骨(51块)和头骨(颅骨29块)组成。

- 躯干骨主要包括24块椎骨(分为颈椎、胸椎、腰椎)、1块骶骨、1块尾骨、12对肋骨和1块胸骨。
- 颅骨(29块)位于脊柱上方,主要由8块脑颅骨(形成颅腔,保护大脑)、15块面颅骨(形成面部骨骼支架)以及6块听骨组成。

（2）上肢骨骼（64 块）

上肢骨骼由上肢带骨和自由上肢骨组成。

• 上肢带骨包括 2 块锁骨和 2 块肩胛骨。

• 自由上肢骨包括 2 块肱骨、2 块尺骨、2 块桡骨、16 块腕骨、10 块掌骨和 28 块指骨。

（3）下肢骨骼（62 块）

下肢骨骼由下肢带骨和自由下肢骨组成。

• 下肢带骨（髋骨 4 块）包括 2 块髂骨、1 块耻骨和 1 块坐骨。

• 自由下肢骨包括 2 块股骨、2 块胫骨、2 块腓骨和 52 块足骨。

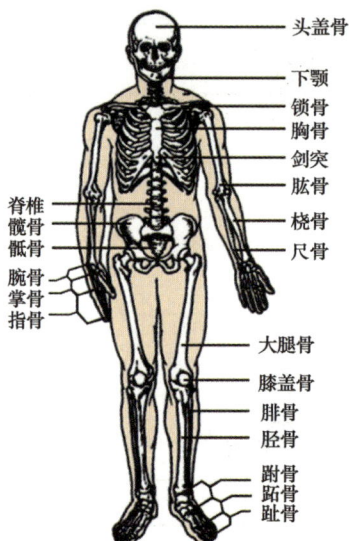

图 2-1-2　人体骨骼正面图

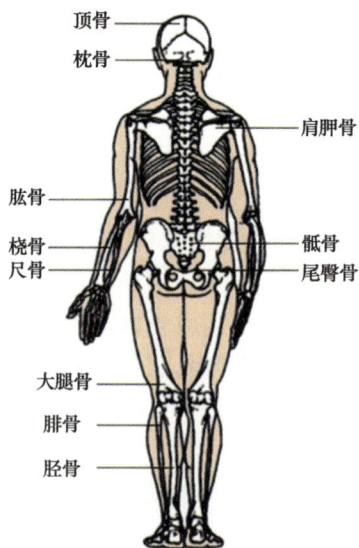

图 2-1-3　人体骨骼背面图

二、关节(骨连结)

　　骨与骨之间的连结叫作骨连结。骨连结有直接连结和间接连结两种。直接连结是指相邻两骨依靠结缔组织或软骨直接连结;间接连结就是通常所说的关节,如肩关节、肘关节、髋关节和膝关节等连结,它是人体骨连结的主要形式。关节一般由关节面、关节囊和关节腔三部分构成,如图 2-1-4 所示。

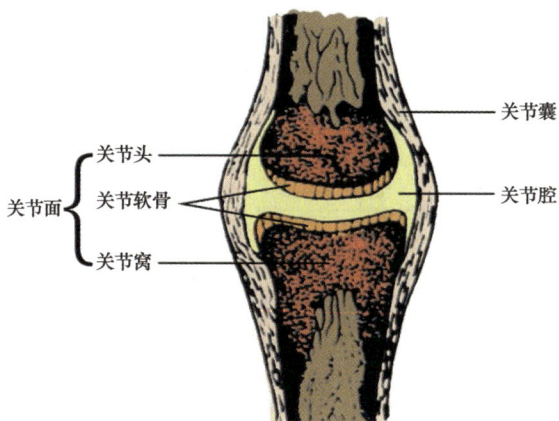

图 2-1-4　关节模式图

三、骨骼肌

1. 肌组织的类型

根据形态、功能和位置等不同特点可以将肌组织分为 3 种类型。

- 骨骼肌:附着在骨骼上的肌肉,全身骨骼肌有 600 多块,约占人体重量的 40%。
- 平滑肌:大多构成脏器的壁,故又名内脏肌。
- 心肌:分布在心脏壁上的肌肉。

骨骼肌的收缩受人的意志支配,故又称为随意肌。平滑肌和心肌的收缩则不受人的意志支配,故称为非随意肌。

运动系统中的肌组织均属骨骼肌,其形态多种多样。长梭状的肌肉多位于四肢,分为肌腹和肌腱两部分,跨过一个或两个以上关节,起止于骨上,牵引骨产生运动;扁平的阔肌多见于胸腹壁,对内脏有支持和保护的作用,其肌腱呈扁平状,为腱膜;还有环形的肌肉位于孔裂的周围,收缩时可以关闭孔裂。

2. 骨骼肌的分类

骨骼肌分为头颈肌、躯干肌和四肢肌 3 种,如图 2-1-5 和图 2-1-6 所示。

(1)头颈肌分为表情肌和咀嚼肌。颈肌中主要是胸锁乳突肌,能使头部转动、屈伸。

(2)躯干肌包括脊肌、胸肌、膈肌、腹肌、盆底肌及会阴肌。脊肌中主要是斜方肌和背阔肌,斜方肌收缩可以使肩胛骨向脊柱靠拢,背阔肌收缩可以使肱骨内收、内旋及后伸。胸肌包括胸大肌、胸小肌、锁骨下肌和前锯肌,胸大肌与上肢活动及呼吸有关。膈肌是向上膨隆的扁平薄肌,它封闭胸廓下口,成为胸腔底和腹腔的顶,同时也参与呼吸运动。腹肌包括腹外斜肌、腹内斜肌、腹横肌、腹直肌等。腹肌收缩可增加腹内压力,完成咳嗽、呕吐、排便等功能。

（3）四肢肌分为上肢肌、下肢肌。上肢肌包括肩带肌、上臂肌、前臂肌和手肌。上肢肌中肱二头肌收缩可屈前臂,肱三头肌收缩可伸前臂。下肢肌包括髋肌、大腿肌和足肌。在髋关节后面的是臀大肌,有伸直大腿的作用。在股骨前面的是股四头肌,能伸小腿。在腓骨后面的是腓肠肌,收缩可以使足跟离地。

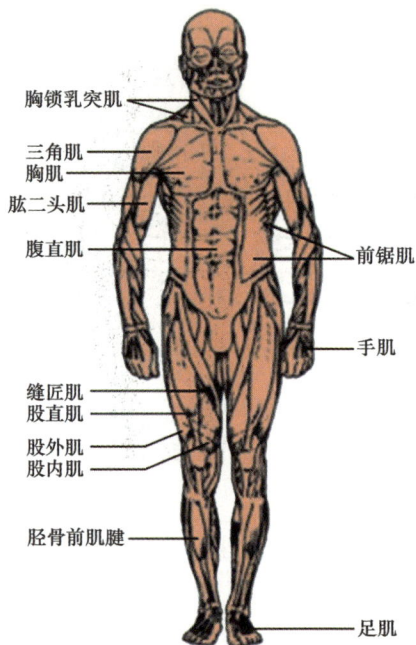

胸锁乳突肌
三角肌
胸肌
肱二头肌
腹直肌
前锯肌
手肌
缝匠肌
股直肌
股外肌
股内肌
胫骨前肌腱
足肌

图 2-1-5　人体主要肌群(正面)

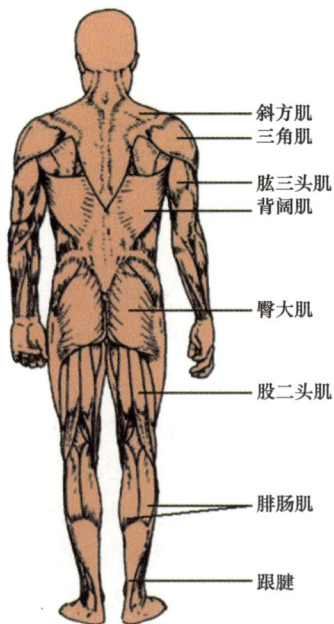

斜方肌
三角肌
肱三头肌
背阔肌
臀大肌
股二头肌
腓肠肌
跟腱

图 2-1-6　人体主要肌群(背面)

四、常用的骨性标志

1. 头颈部常用骨性标志

（1）颧弓

颧弓为位于耳屏与眶下缘间的骨桥，是颌面部骨折的好发部位。

（2）翼点

翼点在颧弓中点上方约 4 cm 处，是颞窝前下部的骨质薄弱区。此区常形成"H"形的缝，其内面有脑膜中动脉的前支通过。

（3）乳突

乳突在耳垂的后方，乳突炎时常有压痛。

2. 胸部常用骨性标志

（1）胸骨角

胸骨角两侧平对第 2 肋，是计数肋的重要标志。胸骨角向后平对：①第 4 胸椎体下缘；②主动脉弓的起、止端；③气管杈；④食管与左主支气管交叉处；⑤上、下纵隔的分界；⑥胸导管由脊柱右侧转向左侧上行的部位。

（2）肋弓

肋弓是临床上进行上腹部触诊时常用的标志，其最低点平对第 2~3 腰椎体之间。左、右肋弓与剑突之间的交角分别称为左、右剑肋角。左剑肋角是心包穿刺的常用部位。

3. 背部常用骨性标志

（1）棘突

第 7 颈椎棘突较长，常作为计数椎骨序数的标志。腰椎棘突呈板状，向后平伸。棘突间隙较大，是腰椎穿刺的部位。第 4 腰椎棘突平对两侧髂嵴最高点的连线。

（2）骶角

骶角为第 5 骶椎下关节突向下的突起，在骶管裂孔的两侧，是骶管麻醉进针的定位标志。

（3）肩胛骨下角

肩胛骨下角为上肢自然下垂时平对第 7 肋或第 7 肋间隙。两侧肩胛骨下角的连线平对第 7 胸椎棘突。

4. 上肢常用骨性标志

（1）肱骨内上髁、肱骨外上髁和尺骨鹰嘴

当肘关节伸直时，这 3 个突起在同一水平线上；当肘关节屈至 90°时，三者形成一个等腰三角形。在肘关节脱位或肱骨髁上骨折后，上述位置关系即发生改变。

（2）桡骨茎突、尺骨茎突

桡骨茎突比尺骨茎突低 1 cm，这种位置关系可用于鉴别桡、尺骨下段是否骨折。

5. 下肢常用骨性标志

（1）坐骨结节

坐骨结节是产科测量骨盆径线的标志。在正常情况下，当人体侧卧、髋关节屈 90°~120°时，坐骨结节与髂前上棘的连线恰好通过大转子尖。当髋关节脱位或股骨颈骨折后，大转子尖即向此线上方或下方移位。

（2）内踝和外踝

内踝前方 1.0~1.5 cm 处有大隐静脉通过，此处可做静脉穿刺。外踝比内踝略低且偏后。

五、常用肌性标志

1. 头颈部常用肌性标志

胸锁乳突肌颈丛的浅皮支由该肌后缘中点附近浅出,此处是颈浅部浸润麻醉的阻滞点。

胸锁乳突肌后缘与锁骨形成的夹角处向外0.5~1.0 cm,是锁骨下静脉锁骨上入路穿刺的进针点。

2. 躯干部常用肌性标志

竖脊肌外侧缘与第12肋形成的夹角称为脊肋角(肾区),是肾门的体表投影部位。肾病变时此区常有叩击痛;肾囊封闭常经此进针。

3. 上肢常用肌性标志

(1)三角肌

该肌包裹肩关节使肩部形成圆隆的外形,当肩关节脱位或三角肌瘫痪后,肩部圆隆的外形消失。三角肌中1/3区中部肌质厚,深部无较大的血管、神经,此处可行肌内注射。

(2)肱二头肌

在该肌的内侧缘可见较明显的肱二头肌内侧沟,此处可触及肱动脉搏动。测量血压时,通常将听诊器的胸件置于肱二头肌腱的稍内侧。

4. 下肢常用肌性标志

(1)臀大肌

臀大肌为常用的肌内注射部位。为避免损伤经过其深面的坐骨神经,应在臀部外上象限(外上1/4处)部位注射。

(2)小腿三头肌

该肌肌腹中部肌质较厚,中线两侧的深部无较大的血管、神经,必要时可作为肌内注射的部位。

【思考题】

1. 运动系统是由哪几部分组成的?
2. 简述人体骨骼、骨骼肌的结构与组成。
3. 头颈部、胸部的骨性标志有哪些?

第二节

循环系统

【要点】

人体内具有运输物质作用的系统称为循环系统,主要包括血液循环系统和淋巴系统。

【必备知识】

一、血液循环系统

血液循环系统主要由心脏、血管及血液组成。

1. 心脏

心脏包括左右心房和左右心室，位于胸腔正中线稍偏左侧，是血液循环的动力器官。心脏每分钟搏动的次数称为心率。心率的正常变动范围为 60~100 次/min，低于每分钟 60 次的称为心动过缓，高于每分钟 100 次的称为心动过速。脉搏与心跳同步，通常通过测定手腕处的桡动脉或气管旁的颈动脉来了解心脏搏动的情况。

2. 血管

血管分为动脉、静脉及毛细血管，是输送血液的管道。

● 动脉是把血液从心脏输送到身体各部分的血管；

● 静脉是把血液从身体各部分送回心脏的血管；

● 毛细血管是连通最小的动脉与静脉的血管。

图 2-2-1 为血液循环模式图。血液由心脏射出，经动脉、毛细血管、静脉再回到心脏，如此循环不止。血液的循环途径可分为体循环和肺循环两部分，两种循环是同时进行并且相通的。血液由左心室进入主动脉，再流经全身的动脉、毛细血管、静脉，最后汇集到上、下腔静脉，流回右心房，完成体循环。在这个过程中，血液中营养物质和氧气被细胞和组织吸收，它们的代谢产物和二氧化碳等则进入血流。血液由右心室进入肺动脉，流经整个肺部的毛细血管网，再由肺静脉流回左心房，完成肺循环。在此循环中，血液与肺泡里的空气进行气体交换，血液中的二氧化碳进入肺泡，肺泡里的氧气进入血液，暗红色的静脉血变为鲜红色的动脉血，从肺静脉回到左心房。在安静状态下，人体内每滴血在血管中完成上述循环约需 20 s。

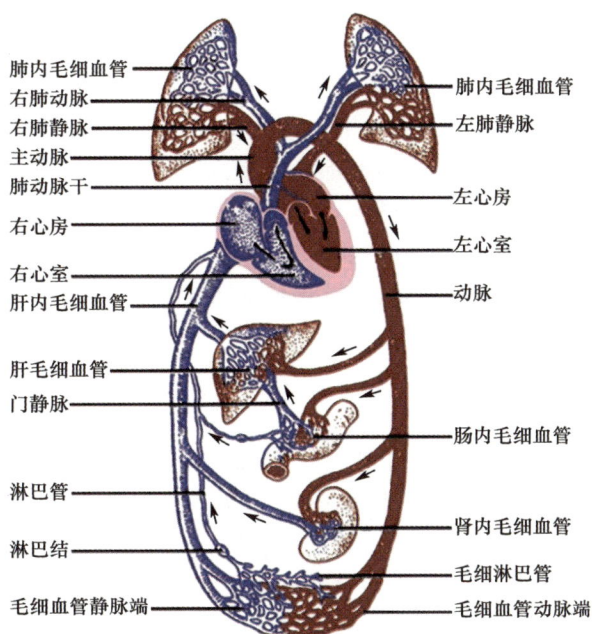

图 2-2-1 血液循环模式图

3.血液

人体内血液的总量称为血量。成年人血量为 4 000~5 000 ml,为体重的 7%~8%。一次失血 10% 以下对人体没有明显影响;失血 20% 时,可能引起人体活动障碍;失血 30% 时,如不急救,可能危及生命。

血液由血浆和血细胞两部分组成。

(1)血浆

血浆呈淡黄色,半透明,含水量达 91%~92%,含固体物 8%~9%。在固体物中,还含有血浆蛋白、葡萄糖、含氢化合物及无机盐等。血浆蛋白又分为白蛋白、球蛋白和纤维蛋白原三种。白蛋白含量最多,对维持血浆胶体渗透压起很大作用;球蛋白特别是丙种球蛋白含有多种抗体,能与一些致病因素发生反应,破坏致病因素,对人体有保护作用;纤维蛋白原相对分子质量最大,与血液凝固相关。另外,血浆蛋白还能与多种物质结合构成复合物,起到运输物质的作用。

(2)血细胞

血细胞包括红细胞、白细胞和血小板。

● 红细胞:呈两面凹的圆饼状,正常成年男性每立方毫米血液中含有红细胞的数量为 400 万~550 万个。红细胞里有一种红色含铁的蛋白质,叫作血红蛋白。红细胞之所以呈现红色,是因为含有血红蛋白。血红蛋白的特性是:在氧含量高的地方,与氧容易结合;在氧含量低的地方,又与氧容易分离。血红蛋白的这一特性,使红细胞具有运输氧的功能。另外,红细胞还能运输一部分二氧化碳。血液里红细胞的数量过少,或红细胞中血红蛋白的含量过少,都叫作贫血。贫血患者的血液运输氧能力低,影响体内各器官的正常生理活动,所以常常表现出精神不振、疲劳、头晕、面色苍白等症状,一般的贫血患者应该多吃一些含蛋白质和铁质丰富的食物。

● 白细胞:白细胞比红细胞大。正常成年人每立方毫米血液中的白细胞数量为 4 000~10 000 个。当身体某处受伤,病菌侵入时,有些白细胞可穿过毛细血管壁,聚集到受伤的部位吞噬病菌。如伤口周围出现红肿现象,就是我们平时所说的“发炎”。在病菌被消灭后,炎症就会消失。可见,有些白细胞对人体起着防御和保护的作用。

● 血小板:血小板比红细胞和白细胞都小得多,形状不规则。正常人每立方毫米血液中含血小板 10 万~30 万个。血小板的寿命为 7~13 天,平均寿命为 10 天。当皮肤被划破而流血时,血液中的血小板会在出血的伤口处聚集成团;与此同时,血小板与受损血管粗糙面接触而破裂并释放出一些物质,能够促使血液凝固。这两种情况都可以堵塞伤口而止血。所以,血小板有止血和加速凝血的作用。

二、淋巴系统

淋巴系统由淋巴管、淋巴结、脾、扁桃体等组成,它的主要功能是运输全身的淋巴液进入静脉,是静脉回流的辅助装置。另外,淋巴结、扁桃体和脾等还有生成淋巴细胞、清除体内的微生物等有害物质和生成抗体的作用。淋巴结和脾是人体的重要免疫器官。

淋巴管分为深淋巴管和浅淋巴管。浅淋巴管跟浅静脉伴行,主要收集皮肤的淋巴液。深淋巴管跟深静脉伴行,主要收集肌肉和内脏的淋巴液。

淋巴结是在淋巴管行程上的无数个大小不一的小体,在颈部、腋窝、腹股沟等处最多。

淋巴结里有吞噬细胞,它能吞噬侵入人体的病菌,对人体有保护作用。

脾是最大的淋巴器官,能够产生白细胞。脾内含有大量的吞噬细胞,能吞噬衰老的血细胞,也能吞噬异物。脾对储存血液也有一定的作用。

扁桃体在口腔上壁后部两侧,能够产生淋巴细胞,具有防御功能。

【思考题】

1.简述血液循环系统的构成和生理功能。

2.简述淋巴系统的构成和生理功能。

第三节

呼吸系统

【要点】

人体内营养物质氧化所需的氧气要从外界获得,氧化后所产生的二氧化碳必须排出体外,这个不停地从外界吸入氧气和排出二氧化碳的过程叫作呼吸。成人在安静时的呼吸频率为 16~18 次/min。

呼吸系统由呼吸道和肺组成。人体每次呼吸时吸入的空气都经呼吸道进入肺组织,然后在肺泡内与血液进行空气交换。在这一过程中,人体所需的氧气进入血液循环系统,同时代谢所产生的废物及二氧化碳排出体外。

【必备知识】

一、呼吸道

呼吸道是气体进出的通道,由鼻、咽、喉、气管、支气管等组成,如图 2-3-1 所示。临床上常把喉以上的呼吸道称为上呼吸道,声门以下包括气管、支气管及在肺内的分支称为下呼吸道。

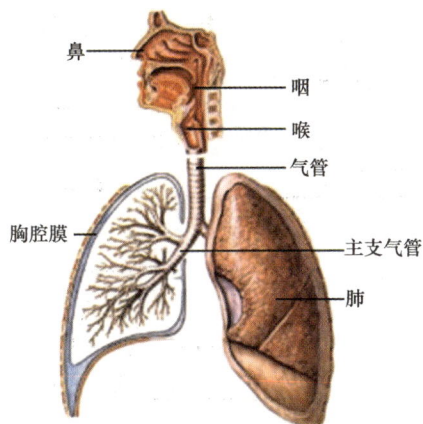

图 2-3-1 呼吸系统

1. 鼻

鼻是呼吸道的起始部分,又是嗅觉器官。鼻可分为外鼻、鼻腔和鼻旁窦 3 部分,如图 2-3-2 和图 2-3-3 所示。

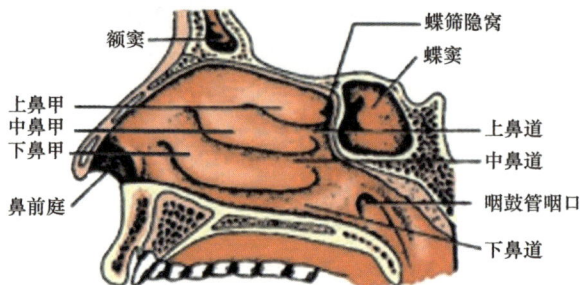

图 2-3-2 鼻腔外侧壁

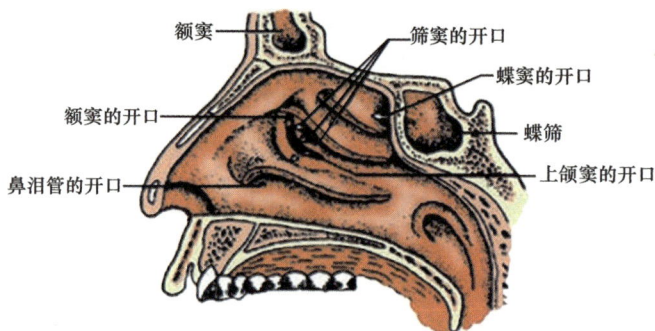

图 2-3-3 鼻旁窦开口

2. 咽

咽是一个前后略扁的漏斗形肌性管道,位于第 1~6 颈椎的前方,上起颅底,下达第 6 颈椎下缘移于食管。咽的后壁及侧壁完整,其前壁不完整,分别与鼻腔、口腔和喉腔相通。咽腔是消化道与呼吸道的共同通道,以软腭与会厌上缘为界,分为鼻咽、口咽和咽喉,如图 2-3-4 和图 2-3-5 所示。

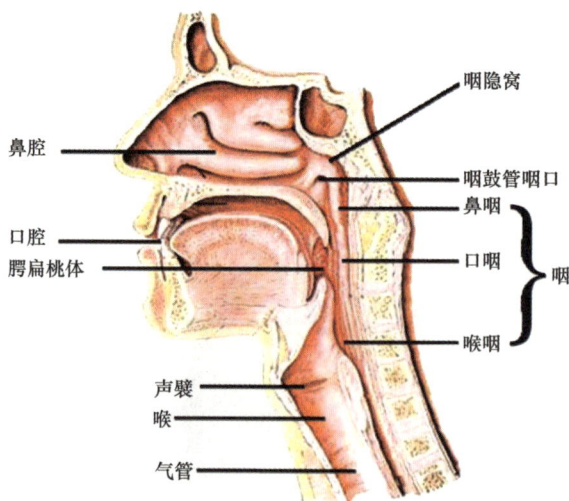

图 2-3-4 头颈部(正中矢状切面)

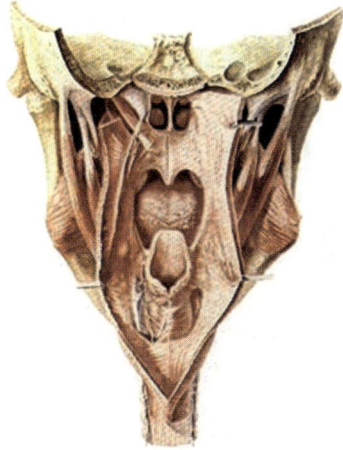

图 2-3-5　咽的后面观

3. 喉

喉既是气体的通道,又是发声器官。喉由数块喉软骨借关节和韧带连成支架,周围附有喉肌,内面衬以喉黏膜构成。喉位于颈前部正中、喉咽部的前方,相当于第 4~6 颈椎的高度。喉上通咽,下续气管,可随吞咽或发音而上下移动;喉的两侧与颈部大血管、神经和甲状腺相邻,如图 2-3-6 和图 2-3-7 所示。

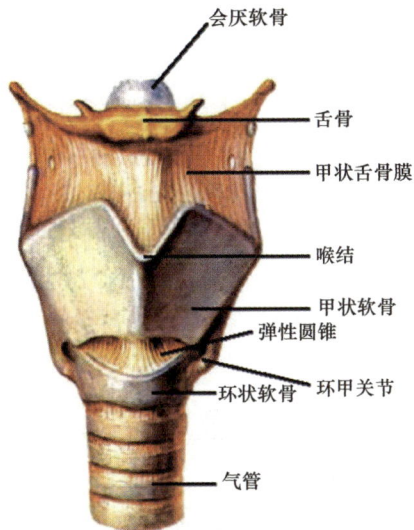

会厌软骨
舌骨
甲状舌骨膜
喉结
甲状软骨
弹性圆锥
环甲关节
环状软骨
气管

图 2-3-6　喉软骨及其连结(前面)

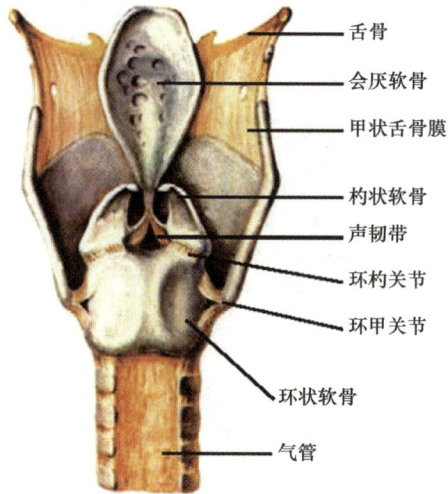

图 2-3-7　喉软骨及其连结（后面）

4.气管与主支气管

气管与主支气管是连结于喉与肺之间的通气管道。

二、肺

1.肺的结构

肺位于胸腔内,左、右两肺分居于膈的上方和纵隔两侧,左肺二叶,右肺三叶。肺是气体交换的场所,由包括支气管在内的各级分支及无数个泡囊组成。

肺的质地柔软,富有弹性,呈半圆锥形,左肺稍狭长,右肺略宽短。肺的上端钝圆,突入颈根部,称为肺尖。肺的下面凹陷,称为肺底,因与膈相贴,故又称为膈面。肺的外侧面与肋和肋间肌相邻,故称为肋面。肺的内侧面朝向纵隔,其近中央处有一凹陷为肺门。肺门是主支气管、肺动脉、肺静脉、支气管血管、淋巴管和神经等出入肺的部位,出入肺门的结构被结缔组织包绕,构成肺根。肺的前缘和下缘薄而锐利,左肺前缘下份有一明显的凹陷,称为心切迹。

左肺被斜裂分为上、下两叶,右肺被斜裂和水平裂分为上、中、下三叶,如图 2-3-8 所示。

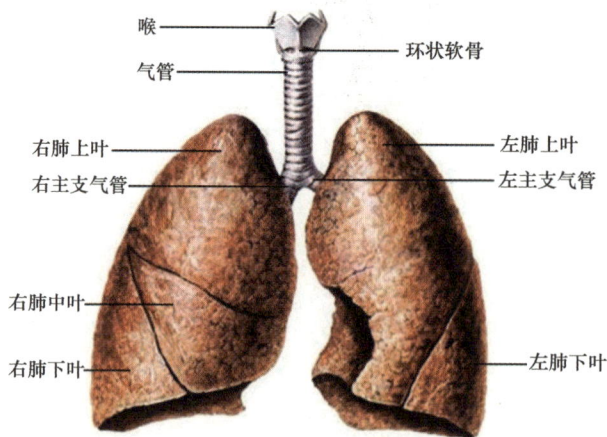

图 2-3-8　气管、主支气管和肺

2. 胸膜腔

肺的表面与胸腔内壁都有一层润滑膜覆盖,形成的空隙称为胸膜腔。胸膜腔内有少许浆液,在呼吸时可以减少两层胸膜的摩擦。胸膜腔在正常情况下呈封闭状态,不与外界相通。

3. 肺的微细结构

肺可分为实质和间质两部分,肺实质由支气管树和肺泡构成,肺间质为肺内的结缔组织、血管、淋巴管和神经等。根据功能不同,肺实质又可分为导气部和呼吸部。

(1)导气部

导气部包括肺叶支气管、肺段支气管、小支气管、细支气管以及终末细支气管等,只有传送气体的功能,不能进行气体交换。肺段支气管的反复分支统称为小支气管。当小支气管分支的口径为 1 mm 左右时,称为细支气管。每条细支气管及其各级分支和其所属的肺泡构成一个肺小叶。

(2)呼吸部

呼吸部包括呼吸性细支气管、肺泡管和肺泡等,是进行气体交换的部分,如图 2-3-9 所示。呼吸性细支气管是终末细支气管的分支,管壁上有少数肺泡的开口,故管壁不完整。上皮由单层柱状上皮移行为单层立方上皮,其外围有少量结缔组织和平滑肌。

肺泡管是呼吸性细支气管的分支,管壁上连有许多肺泡。

肺泡为多面形囊泡,每侧肺约有 3 亿~4 亿个肺泡。肺泡是进行气体交换的场所。肺泡壁极薄,由肺泡上皮构成,周围有丰富的毛细血管网和少量的结缔组织。相邻肺泡之间的薄层结缔组织称为肺泡隔,内含丰富的毛细血管网、较多的弹性纤维和肺泡巨噬细胞。

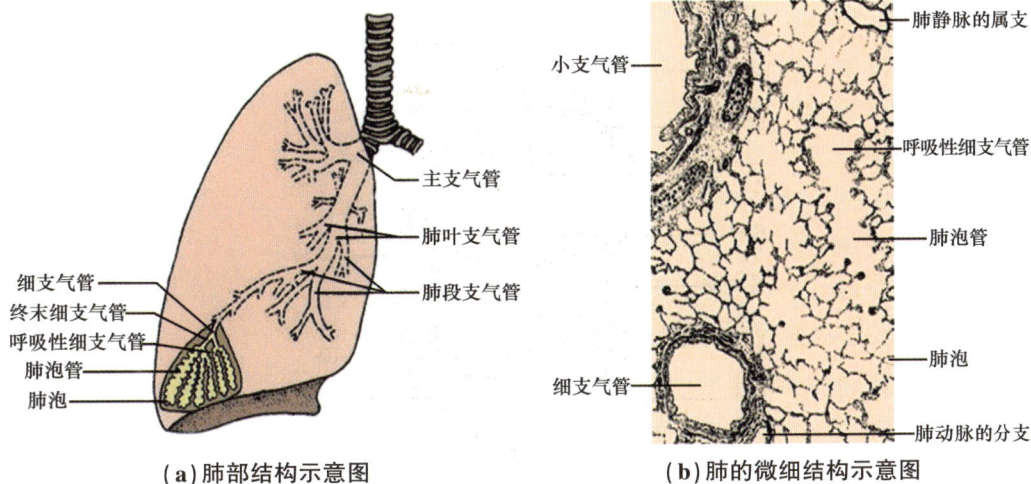

(a)肺部结构示意图　　(b)肺的微细结构示意图

图 2-3-9　肺部结构及肺的微细结构示意图

[思考题]

呼吸系统是由哪些部分组成的?

第四节
消化系统

【要点】

消化系统是保证机体新陈代谢活动正常进行的重要功能系统,其主要功能是摄取食物,进行物理性及化学性消化,吸收其分解后的营养物质和排出消化吸收后剩余的食物残渣。

【必备知识】

消化系统由消化管和消化腺两大部分组成。消化管可分为口腔、咽、食道、胃、小肠(十二指肠、空肠、回肠)及大肠(盲肠、结肠、直肠)。通常把从口腔到十二指肠的一段消化管称为上消化道,空肠以下的部分称为下消化道,如图2-4-1所示。

一、消化管

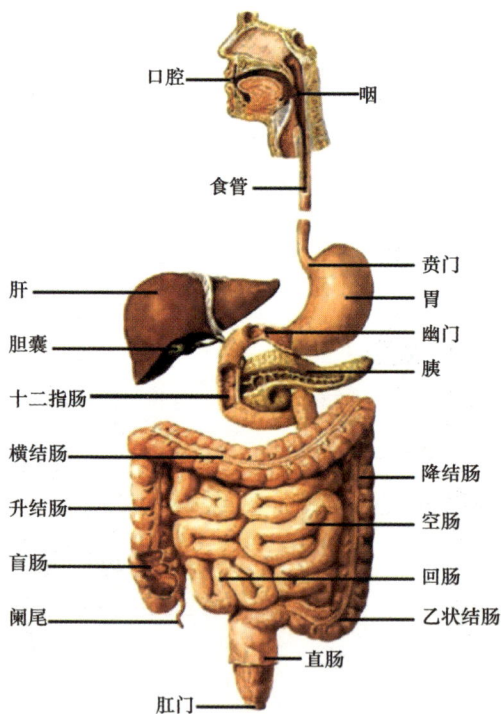

图 2-4-1　人体消化系统图

1. 口腔:消化管的起始部分。口腔内的牙齿有咀嚼食物的功能,舌头能分辨食物的味道和辅助发音。

2. 咽:垂直的肌性管道,呈漏斗形,位于鼻腔、口腔、喉的后方。

3. 食管:呈扁狭肌性长管状,是消化管各段中最狭窄的部分。其上端续咽,下端经贲门与胃连接,全长约25 cm。

4.胃:位于腹腔的上方,是消化道最膨大的部分,其容量约为 1 000 ml,如图 2-4-2 所示。胃具有容纳食物、分泌胃液、调和食糜的作用,此外还有内分泌功能。胃的入口叫贲门,胃下端移行于十二指肠的出口叫幽门。

5.小肠:消化管中最长的一段,也是进行消化吸收的最主要部位。其上端起自幽门,下端与盲肠相接。成人的小肠全长 5~7 m,分为十二指肠、空肠与回肠三部分。

6.大肠:消化管的末段,长约 1.5 m,上接回肠末端,下止于肛门。它比小肠短而粗,主要功能是吸收水分形成粪便。大肠包括盲肠、结肠和直肠。

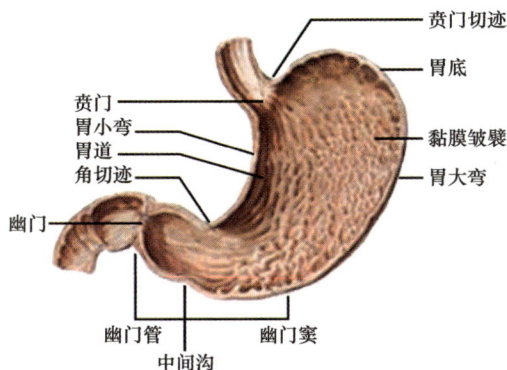

图 2-4-2　胃器官

二、消化腺

消化腺包括大唾液腺、肝、胰以及散布于口唇至肛门整个消化管管壁内的无数小腺体,它们均借排出管道将分泌物排入消化管腔内,从而对食物进行化学性消化。

1.口腔腺:在口腔周围有 3 对唾液腺,这些腺体有管子通往口腔,向口腔分泌腺液,对食物进行化学性消化,有腮腺、颌下腺、舌下腺。

2.肝脏:人体最大的消化腺,位于腹腔的右上方。肝脏分泌的主要消化液叫胆汁。在肝脏的表面有一个梨形的囊状袋,叫作胆囊,用于储存和浓缩胆汁。肝脏的主要功能是代谢、贮存糖原、解毒、分泌胆汁及吞噬防御等。

3.胰腺:仅次于肝脏的大腺体,也是在消化过程中起主要作用的消化腺。其位置较深,在腹腔后上部。它分泌胰液,胰液内含有分解蛋白质、淀粉及脂肪的各种酶。

[思考题]

1.简述消化系统的构成。

2.消化管和消化腺的作用有哪些?

第五节

神经系统

【要点】

神经系统由脑和脊髓及与之相连的脑神经、脊神经及其神经节组成。神经系统一方面通过直接或间接地调节体内各器官、组织和细胞的活动,使之相互联系、相互制约、相互协调而成为统一的整体;另一方面使人体适应内外环境的变化。因此,神经系统在人体功能调节中起主导作用,使机体与内外环境之间保持相对稳定。

【必备知识】

神经系统可分为中枢神经系统和周围神经系统两部分。中枢神经系统通过周围神经系统与身体各部分的联系来调节全身各部位的活动。

一、中枢神经系统

中枢神经系统包括脑和脊髓。

1. 脑

脑位于颅腔内,由大脑、小脑和脑干组成。

● 大脑是中枢神经系统的最高级部分,是进行思维和意识活动的器官。大脑分为左右两半球,各自管理对侧的人体活动。若大脑一侧受损,则对侧发生瘫痪。

● 小脑在大脑的后下方,位于脑干背侧,有维持躯体平衡和协调随意运动的功能。如果小脑受损,则闭目直立不能完成,走路时摇晃不定,不能完成精巧的动作。

● 脑干在脑的中央部位,由间脑、中脑、脑桥和延髓组成。间脑是调节植物性神经活动的高级中枢,也是人体情绪性反应,即喜、怒、哀、乐等的高级调节部位,并且对体温及物质代谢起调节作用。延髓为生命中枢,控制心跳、呼吸、血压等,这个部位的严重受损可引起心跳与呼吸停止、血压下降而导致死亡。

2. 脊髓

（1）脊髓的结构

脊髓位于椎管内,是脑组织向下延伸的部分。其上端在枕骨大孔处与延髓相连,下端在成人约平对第 1 腰椎体下缘。脊髓由灰质、白质和中央管构成。在脊髓水平切面上,可见灰质围绕中央部,呈"H"形分布;白质位于灰质的周围。中央管位于灰质的中央,纵贯脊髓的全长,向上连通第四脑室。中央管前、后的灰质分别称为灰质前连合和灰质后连合。

（2）脊髓的功能

● 反射功能:脊髓是低级反射中枢。脊髓反射主要有骨骼肌的反射活动,如屈曲反射、牵张反射等。此外,脊髓也能完成简单的内脏反射,如排便、排尿反射等。

● 传导功能:脊髓内的上行、下行纤维束是联系脑与身体各部间的传导通路的中继站。脊髓损伤将直接影响脊髓的功能。

二、周围神经系统

周围神经系统包括 12 对脑神经和 31 对脊神经,它们分别由脑和脊髓发出,用来控制头、面部以及躯干四肢的感觉和运动。这些神经分布到全身各处。

另外,还有自主神经,它们主要分布于内脏、心血管和腺体等组织中,分别管理平滑肌、心肌的运动和腺体的分泌。

三、神经系统的活动方式

神经系统的活动极为复杂,其最基本的活动方式是反射。反射是指神经系统对内、外环境变化做出的反应。反射的结构基础称为反射弧,由感受器、传入(感觉)神经、中枢、传出(运动)神经和效应器 5 个部分组成,如图 2-5-1 所示。

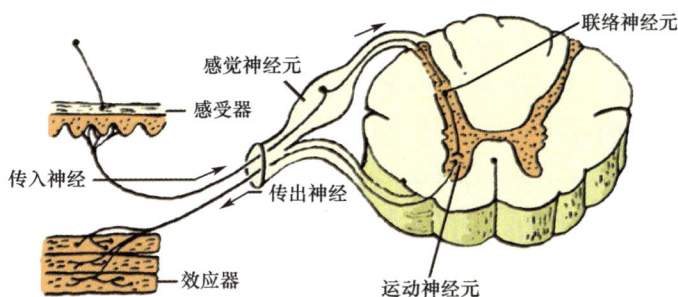

图 2-5-1 反射弧示意图

【思考题】

简述神经系统的分类及组成。

第三章
伤病员病情评估

第一节
生命体征的判定方法

【要点】

掌握脉搏、呼吸、体温等生命体征的判定方法，有利于急救行动的开展。

【必备知识】

一、体温

人体温度保持恒定是进行新陈代谢和正常生命活动的必要条件。测量体温通常用水银体温计，其特点是表内水银柱在升高后不能自动下降，离体时仍能停留在原刻度上，使用方便。目前还有电子体温计、红外体温计及半导体体温计等。图 3-1-1 所示为目前常用体温计。

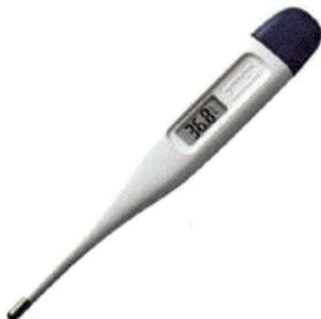
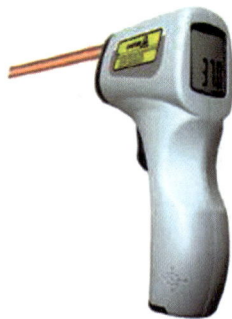

（a）水银体温计　　　　　　（b）电子体温计　　　　　　（c）红外体温计

图 3-1-1　体温计

使用体温计测量体温的方法如下：

● 口测法。将消毒过的体温计置于舌下,然后紧闭口唇,不用口腔呼吸,测量 5 min,正常值为 36.3~37.2 ℃。

● 腋测法。将腋窝汗液擦干,然后把体温计放在腋窝深处,用上臂将体温计夹紧,测量 10 min,正常值为 36~37 ℃。

● 肛测法。此种测法使用的体温计是专测肛温的,比通常使用的体温计短些、粗些。测量方法是将肛表的水银端涂液状石蜡油,令病人屈膝侧卧,徐徐插入其肛门深达肛表长度的 1/2 为止,5 min 后取出,正常值为比口腔温度高 0.3~0.5 ℃。

二、脉搏

正常情况下,心脏的跳动使全身各处动脉壁产生有节律的搏动,这种搏动称为脉搏。正常人脉搏次数与心跳次数相一致,而且节律均匀、间隔相等,每分钟 60~100 次。发热时脉搏也增快,体温每升高 1 ℃,脉搏增快 10~20 次/min。图 3-1-2 所示为检查颈动脉脉搏。

测定方法:数脉搏前嘱病人安静,一般取桡动脉,将食指、中指、无名指并列,平放于选定的位置(如伤病员颈动脉),检查压力大小,以能清楚感到波动为宜。

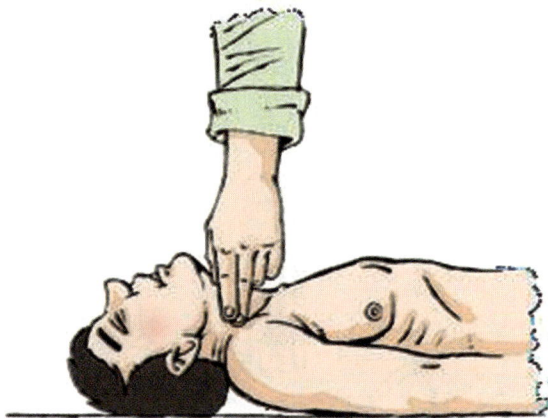

图 3-1-2　检查颈动脉脉搏

三、呼吸

呼吸是人体内外环境之间进行气体交换的必需过程,人体通过呼吸而吸入氧气、呼出二氧化碳,从而维持人体正常的生理功能。正常人呼吸运动均匀而有节律,成人每分钟 16~20 次。

测量方法:在安静情况下观察病人胸部或腹部的起伏,一起一伏表示呼吸一次。呼吸与脉搏的比例为 1:4。对意识丧失病人可通过观察其胸腹部有无起伏或使其头后仰以耳朵贴近其口鼻部听有无呼吸声音和感觉有无气流拂面,来检查呼吸情况。对危重病人呼吸表浅不易观察起伏,可以用小棉花放在鼻孔旁,观察棉花吹动次数,进行计数。图 3-1-3 所示为检查颈呼吸。

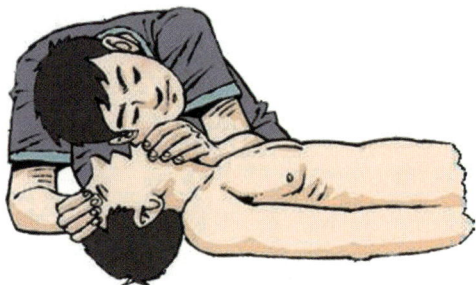

图 3-1-3　检查颈呼吸

四、血压

血压是流动着的血液对血管壁所产生的压力。压力来源于左心室收缩产生的推动力及血管系统对血流的阻力。心脏收缩时,动脉血压达到最高值,称为收缩压;心脏舒张时,血压降低,在舒张末期血压降至最低值,称为舒张压。二者之差为脉压差。测量血压是判断心功能与外周血管阻力的最好方法。图 3-1-4 为血压测量示意图。

血压的测量方法:一般测右上臂,血压计最好与心脏同高,打开血压计将袖带内的气体排出,平整地缠在右上臂的中 1/3 处,下缘距肘窝 20~30 mm,松紧适度;把听诊器放在肘窝动脉波动处,然后向袖带内打气,等动脉波动消失,再将水银柱升高 20~30 mm;缓慢地放出袖带中的气体,当听到第一个动脉搏动声音时,水银柱上所显示的压力即为收缩压;之后水银柱渐渐下降至声音消失,或音调节律突然减弱时,水银柱所显示的压力为舒张压。通常连测 2~3 次,取其最低值。

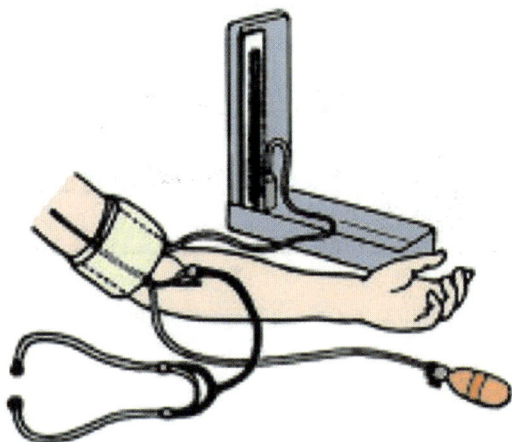

图 3-1-4　血压测量示意图

五、瞳孔

在散射的自然光线下仔细观察瞳孔的形状和大小,正常瞳孔特点为正圆形,直径为 3~4 mm,两侧瞳孔等大等圆,边缘整齐,对光反射灵敏。判定方法如下:

● 两侧瞳孔一大一小:在脑中风、严重颅脑外伤时出现,表明发生了脑水肿、脑疝,病情危重,需要立即抢救。

• 两侧瞳孔均为针尖大小:在急剧中毒(如有机磷农药中毒、吗啡中毒、海洛因中毒等)及脑干出血时出现,表明病情危重,必须立即检查呼吸抢救。

• 两侧瞳孔显著扩大,直径为 4~5 mm,表示病人濒临死亡或已经死亡。

六、意识障碍

1. 意识:机体对自身及周围环境的感知和理解能力,是中枢神经系统对内外环境刺激做出有意义的应答反应的能力,通过语言、行动、情感、躯体运动等表达出来。这种感知或应答能力的减退或消失,即为不同程度的意识障碍。

2. 意识障碍:人对环境和自身的识别和觉察能力出现障碍,包括意识水平(觉醒或清醒)的受损;以及意识水平正常而意识内容(认知功能)改变,如嗜睡、昏睡、昏迷以及意识模糊、谵妄等。严重的意识障碍可导致生命体征发生明显变化。

意识的判断方法:轻拍病人面部或肩部,并大声叫喊病人,同时拍打或用力摇晃其肩膀,如果病人毫无反应,说明病人神志丧失。

【思考题】

生命体征的判定方法有哪些?

第二节
急救前的评估

【要点】

在进行急救前,应做好救助前的评估工作,包括现场环境的安全评估以及伤病人员的病情评估工作,以便更好地开展救助工作。

【必备知识】

一、现场环境安全评估

急救现场及周围环境是否安全不仅影响到急救工作能否顺利开展,而且还可能对施救者和伤病患者构成威胁。因此,在进行急救前,应通过包括视觉、听觉、触觉等在内的一切手段对现场环境进行安全评估,确保无危险因素存在或者已安全脱离险境后方可展开救助。安全评估时应充分考虑以下危险:

1.明显易见的危险

• 水灾;

• 火灾;

• 带电电线;

• 爆炸;

- 尖锐突出物。

2. 不可见的危险

- 毒气泄漏;
- 核辐射。

3. 潜在的危险

- 在易燃易爆场所使用明火;
- 危险品正在泄漏;
- 未按规定程序进行作业;
- 急救现场处于其他应急事件应对现场或附近。

二、伤病人员的病情评估及应对措施

1. 病情评估

根据伤病人员的生命体征、有无意识以及致伤机制等情况,对伤病人员的病情进行评估,应特别注意评估有无威胁生命的伤势或病情。伤病人员病情评估过程如下:

(1)首先检查伤病人员的意识,通过轻轻摇动、拍打双肩并呼唤患者,判断其有无反应、是否清醒。

(2)其次检查呼吸。对不省人事的患者,可用仰头抬颏的方法使呼吸道畅通。然后靠近患者口鼻,判断其是否有呼吸。

(3)然后检查有无脉搏。通过触摸患者颈部,判断其是否有颈动脉搏动。

(4)最后检查瞳孔,观测是否散大。

2. 应对措施

根据伤病人员的不同检查结果,采取不同的应对措施:

(1)需立即抢救的患者:若患者无呼吸、无脉搏,则应立即进行心肺复苏术的急救。

(2)对无须立即抢救的患者则应妥善安置好,保持病人呼吸道畅通;对昏迷者应采取侧卧位;对呕吐、咯血、有窒者可采取头部后仰及头偏向一侧;对胸部损伤有呼吸困难者应取半卧位;对颅脑损伤者应将其头部垫高等,如无必要,不得移动。应注意观察病人的总体情况,包括生命体征、受伤的象和症状。

此外,应根据患者实际情况,采取止血、包扎、固定及搬运等急救措施。

(3)对于意识清醒的患者,则应进行安慰,并告之已采取了一切可行的措施,应询问病人是否有其他部位感觉疼痛。应对病人做进一步检查和询问,了解伤情。

(4)如果现场有两个或以上人员认可下列现象,则判定患者死亡:

- 脉搏消失,心脏停止;
- 呼吸停止;
- 瞳孔扩大,对光反射消失;
- 尸僵尸斑出现:死亡3~4 h后身体僵直;
- 眼角膜混浊:死亡15 min后,眼睛前一层透明的角膜会出现浑浊;
- 腐败:死亡2~3天后可出现尸体腐烂现象。

[思考题]

简述伤病人员的病情评估流程及应对措施。

第四章
船上急症及应对措施

第一节
基本生命支持——心肺复苏(CPR)

【要点】

在心跳、呼吸停止时采取的急救措施称为心肺复苏术,包括人工呼吸和胸外心脏按压。对于各种原因引起的呼吸、心跳骤停,若不能尽快施行心肺复苏术,病人将很快死亡;若不能正确地施行心肺复苏术,病人也不可能得救。因此,不仅医务人员要掌握心肺复苏术,船员也应该熟练掌握,只有这样,才能提高现场和院前抢救水平,使急诊的死亡和残废率明显下降。

【必备知识】

心肺复苏术适用于由多种原因引起的呼吸、心跳骤停的伤病员,如急性心肌梗死、严重创伤、挤压伤、触电、溺水、中毒等。

心肺复苏术的主要步骤是 ABC,即 A(Airway,畅通气道),B(Breathing,人工呼吸),C(Circulation,胸外心脏按压),简称 ABC 三部曲。《2020 AHA 心肺复苏(CPR)及心血管急救(ECC)指南》将心肺复苏顺序确定为 CAB。

一、心肺复苏的步骤

1. 检查判断伤员有无意识

当发现有人员突然倒地时,现场人员首先要确定现场环境是否安全,如有危险,则应及时转移至安全区域;如没有危险,则尽可能不移动病人。然后采用动作或呼叫来判断病人有无意识,例如用双手轻拍患者的两侧肩膀(禁止摇动患者头部,防止损伤颈椎),并在患者两耳旁分别高声呼唤:"你怎么啦?"

2. 呼喊以寻求其他人员的帮助

当患者无反应时,应判断其为意识丧失,并大声呼喊"不好了,有人晕倒了,快来救人!"以寻求其他船员的帮助。

注意:如救助发生在陆上,应立即请求附近人员拨打急救电话求助 EMSS(急救医疗服务体系),并向其说明事发位置、经过、病情及采取的措施等。如是未经 CPR 培训的现场救助人员,可听从 EMSS 调度员的电话指导。

3. 判断有无脉搏

通过触摸颈动脉的方法判断患者有无脉搏,若 10 s 内无脉搏,则可判断为心跳停止。

4. 检查呼吸

用耳朵或脸颊贴近伤病人员的口鼻处感受有无气息,同时侧脸观察其胸部有无起伏以判断有无呼吸。观察时,可按"1001—1002—1003……"的方式计时。

注:为了节约急救的时间,可在 10 s 内同时检查脉搏和呼吸。

5. 心肺复苏术

通过上述方法判断患者体征,若患者无意识,10 s 内无脉搏、无呼吸或仅为濒死叹气样呼吸,则应立即进行心肺复苏,如图 4-1-1 和图 4-1-2 所示。

(1)胸外心脏按压(Circulation)

①心肺复苏体位:确保患者仰卧平躺在硬板或地面上。

②按压位置及深度:通常按压胸骨中线中下三分之一处,或者两乳头连线与胸骨中线交叉处;按压的深度以使胸骨下陷 5~6 cm 为宜。

③按压姿势:施救者跪在患者一侧身旁,一手手掌根部置于按压部位,另一手手掌根部叠放其上,双手指紧扣进行按压;身体稍前倾,使肩、肘、腕同于一轴线上,与患者身体平面保持垂直,借助上半身身体力量按压。按压时应注意保持双手按压位置不移位,每次按压后使胸廓充分回弹,且胸部起伏时手掌不离开按压部位。要保持胸外心脏按压的连贯性,尽可能避免胸外按压的中断。

④按压频率:胸外按压的频率以每分钟 100~120 次为宜,边按边数:"01—02—03……"如胸外心脏按压和人工呼吸联合进行,则按压与通气的比例为 30∶2,即完成 30 次胸外按压,进行 2 次通气。

⑤按压时间:按压过程中应保持按压和回弹时间相等,即间隔比为 1∶1。每 5 组 30∶2 的 CPR 为一个周期,时间大约为 2 min。做完一个周期的 CPR 后应迅速检验复苏的效果。

⑥如果有两个或以上人员可以进行 CPR,则应每隔 2 min 进行交换,以免因施救者疲劳而影响按压效果。

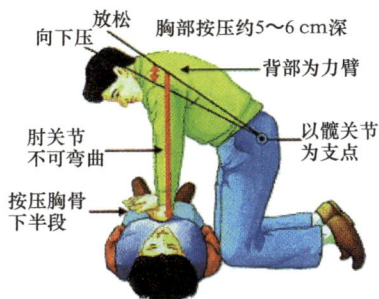

图 4-1-1 胸外心脏按压要领

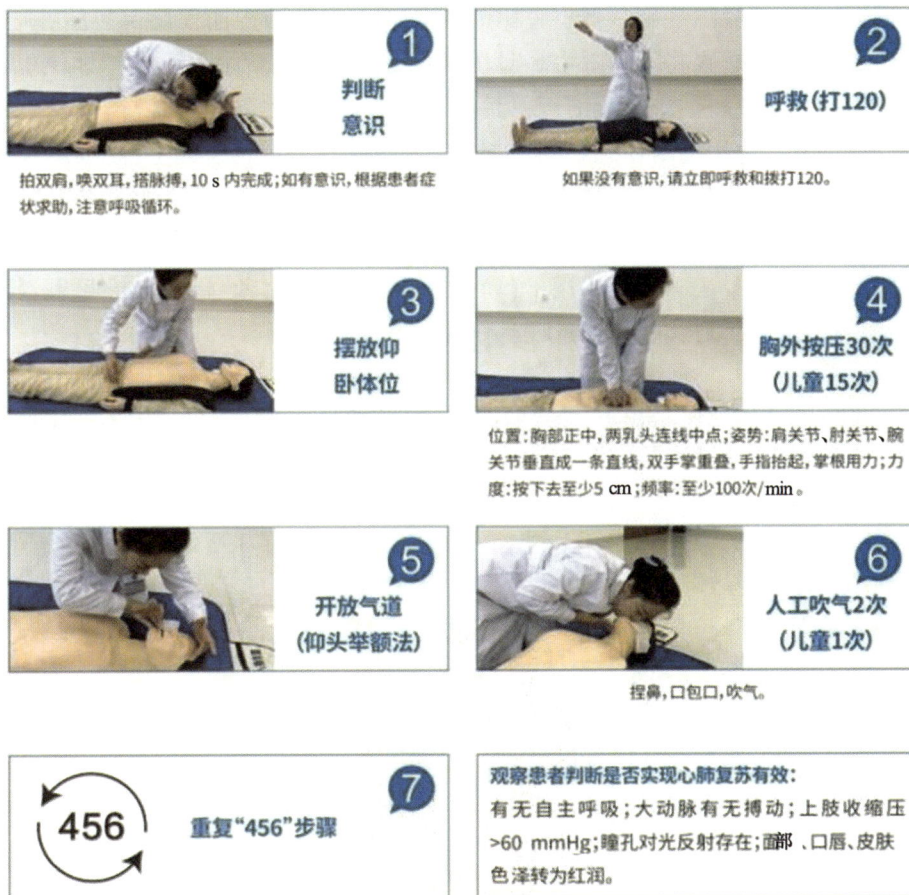

图 4-1-2 心肺复苏流程图

（2）开放气道（Airway）

检查患者口腔,如被血块、泥土或呕吐物等堵塞,应立即清除,并在人工通气前开放气道。气道开放的方法有:

压额提颏法:将一只手的小鱼际压住病人的前额,另一只手的食指、中指放在病人下颏中点偏内 1~2 cm 处使下颌骨上抬与地面成 90°直角,这样可使其舌根拉起气道开放并保持此状态直至抢救结束。

仰头抬颈法:病人仰卧,抢救者一只手抬起病人颈部,另一只手以小鱼际侧下压患者前额,使其头后仰,气道开放。

双手托颌法:病人平卧,抢救者用双手从两侧抓紧病人的双下颌并托起,使头后仰,下颌骨前移,即可打开气道。此法适用于颈部有外伤或者颈椎损伤时的抢救。注意,颈部有外伤者只能采用双手抬颌法开放气道,不宜采用压额提颏法和仰头抬颈法,以避免进一步加重脊髓损伤。

(3)人工呼吸(Breathing)

人工呼吸是心肺复苏操作中最关键的一步,主要方法有口对口人工呼吸、口对鼻人工呼吸、仰卧压胸法人工呼吸、俯卧压胸法人工呼吸等,其中以口对口人工呼吸最为有效。

①口对口人工呼吸法。施救者将呼出的空气吹入患者肺内而使肺部扩张,利用肺及胸廓自身弹性回缩使病人将气体呼出。具体操作方法为:一只手拇指、食指捏住患者的鼻翼,同时该手的掌外侧压住患者的前额;另一只手提起患者的下颏,使气道充分打开。然后施救者深吸一口气,用嘴封住患者的口部并持续吹入气体达 1 s 以上,观察胸廓是否明显隆起。吹完后,松开捏鼻孔的手,观察气体呼出时胸廓有无回落。为了避免气道内压力过高,每次吹气量控制在 500~600 ml 为宜。

②口对鼻人工呼吸法。该方法用于口唇受伤或牙关紧闭者,施救者抬起患者下颏并使其口部闭合,然后用口封住患者鼻子,将气体吹入患者肺部。

6. 除颤

80%~90%的脉搏骤停是由心室颤动而引发的,单纯的胸外心脏按压不可能完全解决心室颤动及恢复血液灌注等问题,最好的方法是电击除颤。除颤每延迟 1 min,病人存活率下降 7%~10%。

在进行 CPR 时,如果有 AED(自动体外除颤器,如图 4-1-3 所示),则应先按照 AED的使用说明进行电击除颤 1 次,再进行 5 组的 CPR。

图 4-1-3　自动体外除颤器(AED)

二、心肺复苏术有效的指征和终止的判定

1. 心肺复苏术有效的指征

• 昏迷程度变浅,出现各种反射;

• 肢体出现无意识动作、呻吟等;

• 自主呼吸逐渐恢复;

- 触摸到规律的颈动脉搏动;
- 面色转红润;
- 双侧瞳孔缩小,对光反射恢复;
- 心电图证实恢复窦性心律。

需要注意的是,伤病员经抢救后有自主呼吸及心跳但仍处于昏迷状态时,应将伤病员放置于侧卧的体位,或头部旁偏,同时穿好衣服、盖上被毯注意保暖,如图 4-1-4 所示。

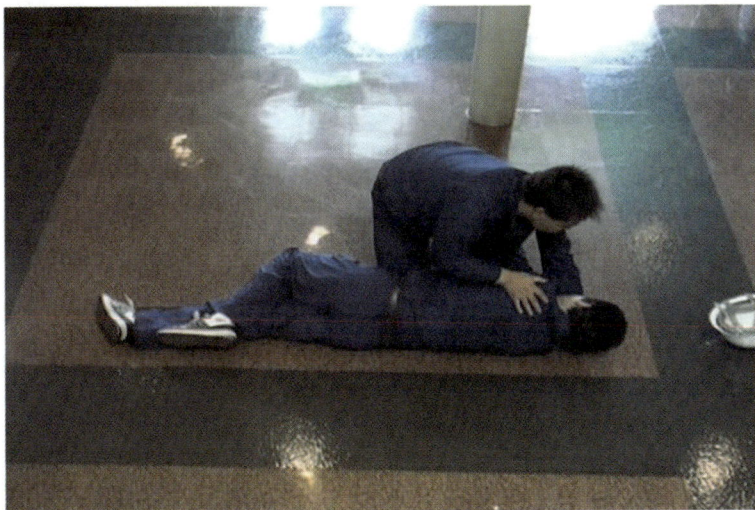

图 4-1-4 心肺复苏后体位侧卧位

2.心肺复苏术终止的判定

- 自主呼吸和心跳已有效恢复或有其他专业人员接替抢救。
- 开始进行 CPR 前,能确定心跳停止达 15 min 以上者。
- 心肺复苏持续 30 min 以上仍无心搏和自主呼吸,现场无进一步救治和送治条件。
- 终止心肺复苏的决定还要注意到一些特殊的病员,如:溺水,雷、电击,低温导致的心搏骤停。因这些病员没有心、肺基础病,存活的可能性较大,甚至需要超过一般 CPR 所需的时间。

【思考题】

1. 简述心肺复苏术的步骤。
2. 简述心肺复苏术有效的指征。
3. 简述心肺复苏术终止的判定。

第二节
出血与止血

【要点】

出血是指血管破裂或断裂后血液外流的一种现象。伤口大量出血若不及时止血,可危及生命;止血法是抢救伤员的一项重要措施,必须熟练地掌握这一技术,以便遇到出血紧急情况时,能够及时而准确地进行自救与互救。

【必备知识】

出血通常可分为内出血和外出血。一次失血量在总血量的20%以上时,伤病员可出现头晕、头昏、脉搏增快、血压下降、出冷汗、脸色苍白、尿量减少等症状。当受伤引起大出血,失血量达到30%时,就会有生命危险。

现场止血术是指利用简易物品、器械等针对外出血情况进行紧急处置的基本技能。

一、内出血

内出血是指血液自血管内流出至体内的组织间隙或体腔。

二、外出血

1. 动脉出血

动脉血为鲜红色,出血速度快,有时形成血柱呈喷射状流出,出血点多在伤口近心端。如果不及时止血,可危及生命。

2. 静脉出血

静脉血为暗红色,为持续性流血,多数是涌出或者缓缓流出,出血点多在伤口的远心端。如果出血时间较长未及时止血,同样也会危及生命。

3. 毛细血管出血

毛细血管血为鲜红色,由伤口中慢慢渗出,往往在创面上形成血滴,逐渐汇成血流,出血不多,出血点多不明显,量较少,常可自行凝结,其危险性较小。如果是急性出血,必须立即制止,病人应平卧以防止发生休克。全身主要动脉的指压止血点如图4-2-1所示。

三、止血方法

1. 直接压迫止血法

直接压迫止血法适用于各种外伤,其操作方法为将洁净柔软的敷料或毛巾直接覆压在伤口上止血。

2. 指压止血法

指压止血法是指抢救者用手指把出血部位近端的动脉血管压在骨骼上,使血管闭塞,血流中断而达到止血目的。这是一种快速、有效的首选止血方法。止住血后,应根据具体情况换用其他有效的止血方法,如填塞止血法、止血带止血法等。这种方法仅是一种临时的用于动脉出血的止血方法,不宜持久采用。下面是根据不同的出血部位采用的不同的

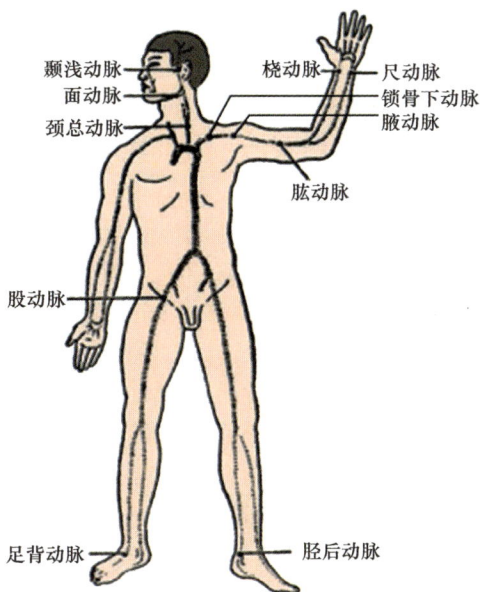

图 4-2-1　全身主要动脉的指压止血点

指压止血法。

（1）颞动脉止血法：一手固定伤员头部，用另一手拇指垂直压迫耳屏上方凹陷处，可感觉动脉搏动，其余四指同时托住下颌；本法用于头部发际范围内及前额、颞部的出血。

（2）颌外动脉止血法：一手固定伤员头部，用另一手拇指在下颌角前上方约 1.5 cm 处，向下颌骨方向垂直压迫，其余四指托住下颌；本法用于颌部及颜面部出血。

（3）颈动脉止血法：用拇指在甲状软骨、环状软骨外侧与胸锁乳突肌前缘之间的沟内搏动处，向颈椎方向压迫，其余四指固定在伤员的颈后部。本法用于头、颈、面部大出血，且压迫其他部位无效时。非紧急情况，勿用此法。此外，不得同时压迫两侧颈动脉。

（4）锁骨下动脉止血法：用拇指在锁骨上窝搏动处向下垂直压迫，其余四指固定肩部。本法用于肩部、眼窝或上肢出血。

（5）肱动脉止血法：一手握住伤员伤肢的腕部，将上肢外展外旋，并屈肘抬高上肢；另一手拇指在上臂肱二头肌内侧沟搏动处，向肱骨方向垂直压迫。本法用于手、前臂及上臂中端或远端出血。

（6）尺、桡动脉止血法：双手拇指分别在腕横纹上方两侧动脉搏动处垂直压迫。本法用于手部出血。

（7）股动脉止血法：用两手拇指重叠放在腹股沟韧带中点稍下方、大腿根部搏动处用力垂直向下压迫。本法用于大腿、小腿或足部出血。

（8）足背动脉与胫后动脉止血法：用两手拇指分别压迫足背中间近脚腕处（足背动脉），以及足跟内侧与内踝之间处（胫后动脉）。本法用于足部出血。

（9）指动脉止血法：用一手拇指与食指分别压迫指根部两侧。本法用于手指出血。

3. 加压包扎止血法

（1）敷料加压包扎止血法

敷料加压包扎止血法是在伤口处填塞以干净的纱布后，再用绷带进行加压包扎的方法。该方法主要适用于较小的血管引起的出血或渗血，有骨折或者有异物存在时则不适用。

止血时，除在伤口处填塞纱布外，若有条件，可在创口处撒上止血药物的粉末，如云南白药粉或吸收性明胶海绵等，然后再加压包扎以取得更好的止血效果。要注意的是，创口一定要保持清洁，不得任意用黄土、棉花或者香灰等止血。

（2）屈肢加垫止血法

肢体的关节部位下端出血时，首先在关节屈侧加棉垫、毛巾团或者折叠好的三角巾，然后将伤肢关节屈曲后进行固定，以达到止血的目的。

4. 填塞止血法

用无菌的棉垫、纱布等，紧紧填塞在伤口内，再用绷带或三角巾等进行加压包扎，松紧以达到止血目的为宜。本法用于中等动脉。大、中静脉损伤出血，或伤口较深、出血严重时，本法还可直接用于不能采用指压止血法或止血带止血法的出血部位。

5. 止血带止血法

止血带止血法是利用有弹性的胶皮管、较软的布带或者三角巾折成的布带等在出血部位的近心端将整个肢体进行绑扎，以阻断通向肢体的动脉血流，使末端没有血液供应，从而达到止血目的。止血带止血法适用于四肢较大动脉出血的止血。有时，在现场找不到胶皮类止血带时，可用听诊器胶管或者三角巾、绷带、手帕等代替，但不可用绳索、电线或铁丝等物品代替止血带。

（1）橡皮止血带止血法

首先，在绑扎部位用毛巾或者衣服垫好，用左手的拇指、中指、食指持止血带的一端（距上端约 8~10 cm）；然后用右手拉紧止血带的另一端绕伤肢缠两圈，将止血带的末端放入止血带下面左手的食指、中指之间；最后两指夹住止血带拉回固定，如图 4-2-2 所示。

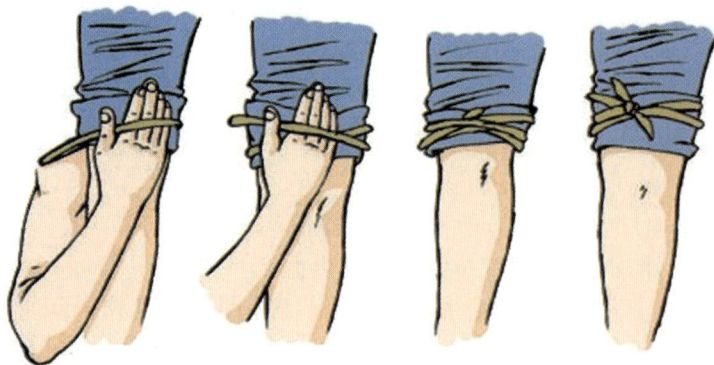

图 4-2-2　橡皮止血带止血法

（2）勒紧止血法

勒紧止血法是用三角巾折叠成带状或用软带在伤口近心端勒紧止血，第一道绑扎作垫层，第二道压在第一道上面勒紧，如图 4-2-3 所示。

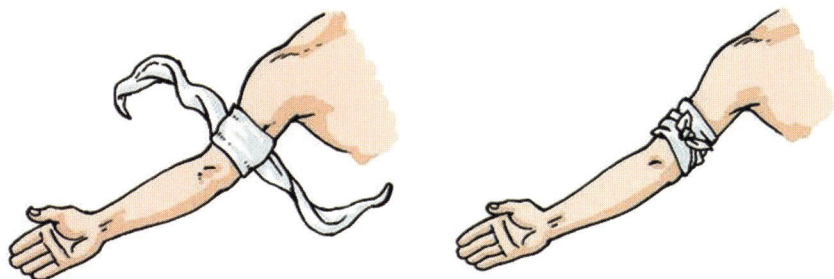

图 4-2-3　勒紧止血法

（3）绞紧止血法

绞紧止血法是将绷带卷或将毛巾、纱布折成绷带卷大小放在伤口近心端的动脉干上，用布带子放在其上绕肢体两圈后拉紧，待两端合拢后打一活结，将绞棒插在后一圈的下面提起绞紧，然后将绞棒的一端捅入活结内，最后将活结拉紧固定绞棒，如图 4-2-4 所示。

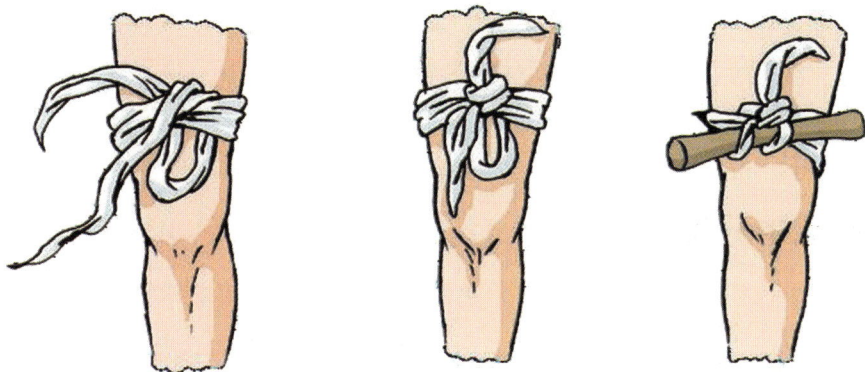

图 4-2-4　绞紧止血法

止血带止血法使用不当会引起或加重肢端坏死、急性肾功能不全等并发症。因此，使用止血带应注意如下事项：

● 止血带主要用于四肢的动脉出血，如果不是较大的动脉出血，可以不必使用止血带止血。

● 必须记住或记录开始使用止血带的时间，如果时间较长，应每一小时内放松一次，每次 1~3 min，使肢体在短时间内恢复血液的循环。松解期间，对伤口可做加压包扎。如果加压包扎能够止血，则可以不必再上止血带。若有大血管损伤，出血已很多时，不要轻易松解止血带，以免引起严重后果。

● 止血带的松紧，以不流血为度。过松时，起不到止血效果；压迫过紧时，易损伤神经和引起组织坏死。

● 上止血带前，先将伤肢抬高片刻，使静脉回流。止血带应安置在距离伤口近些的地方（近心端），但是又不要直接接触伤口。

● 上臂不应扎在中 1/3 处，以免损伤桡神经，引起远端的肢体麻痹，应扎在上臂的上1/3 或前臂的最上部。前臂和小腿有两根骨骼，止血带对动脉压迫不紧时，止血效果不好；遇此情况时，止血带可以安置在上臂或大腿的下 1/3 部位。

● 安放止血带时，应在肢体上用绷带或者布类物品，如棉花、毛巾、衣服等包裹在止血带的下面,再将止血带扎紧在绷带等物品的上面,以免损伤神经。

【思考题】

1. 止血方法有哪些?
2. 止血带止血可以分为哪几类?
3. 简述止血带止血法的注意事项。

第三节
休克及应急措施

【要点】

休克(Shock)是由各种致病因素作用引起的有效循环血容量急剧减少,导致器官和组织微循环灌注不足,致使组织缺氧、细胞代谢紊乱和器官功能受损的综合征。血压降低是其最常见、最重要的临床特征。

【必备知识】

一、休克的分类

休克可发生在各种不同的疾病中,是急性循环功能不全,使维持生命的重要器官得不到足够的血液灌注而产生的综合病症。

1. 低血容量性休克

低血容量性休克主要为失血或失液性休克,是大血管破裂、消化道大出血或内脏破裂等,也可见于肠梗阻、急性胃肠炎等所致的严重呕吐、腹泻及大面积烧伤等原因而引起的全身血容量不足。

2. 心源性休克

心源性休克由心脏排血功能低下所致,例如急性心肌梗死、各种心肌炎、心律失常、急性心包积液等心脏病。

3. 感染性休克

感染性休克又称中毒性休克,由病原体、毒素及抗体复合物等所致,例如败血症、胆道感染、中毒性痢疾等。

4. 过敏性休克

过敏性休克是机体对某些药物或生物制品发生的过敏反应,例如青霉素、破伤风及白喉抗毒素、血清过敏等。

5. 神经性休克

神经性休克由外伤、剧痛、脑脊髓损伤及麻醉意外等引起。神经作用使周围血管扩张、有效血容量相对减少而导致休克。

二、休克的临床表现

（1）神志改变,初期出现烦躁不安、口渴等症状,随后转为抑郁而淡漠,严重者出现昏迷。

（2）皮肤苍白、发绀、湿冷。

（3）脉搏细弱,心率为 100 次/min 以上。

（4）血压下降,一般降至 80/60 mmHg(10.67/8.00 kPa)以下,脉压差小于 30 mmHg(4.00 kPa)。

（5）尿量减少,每小时少于 25~30 ml。

三、休克的一般处理原则

（1）一旦发现病人处于休克状态,必须迅速就地抢救并且呼叫急救医生。切忌将病人搬来搬去,在休克未明显稳定和改善时,不要试图送病人去医院。

（2）让患者去枕平卧,下肢抬高 30°,保持安静,避免过多地搬动,有呕吐者应将头转向一侧,以防呕吐物阻塞呼吸道,并注意保暖。

（3）如果患者神志清楚,可喝少量的糖盐水或淡盐水,不能喝白开水,有条件时可吸氧。

（4）原发病治疗是治疗的关键,应按导致休克的病因实施针对性治疗。

• 对开放性外伤立即施行止血、包扎、固定。口服云南白药、安络血,肌注止血敏等。凡药物过敏性休克必须立即停药,检查血压、脉搏,观察呼吸,立即给肾上腺素糖皮质激素、升压药、脱敏药等。

• 神经源性休克是因强烈神经刺激如创伤、剧痛等,引起血管活性物质释放,导致外周血管扩张,引起休克,有条件的可给吗啡、杜冷丁等止痛,去除病因。

• 对于感染性休克,给予抗生素、糖皮质激素等。

• 对于心源性休克,给予抗心律失常、强心等药物。

有条件时,可根据情况选用升压药,如肾上腺素、可拉明、多巴胺等,或者给病人输液、输血来补充血流量,必要时进行人工呼吸和胸外心脏按压。

【思考题】

1. 休克的分类有哪些?

2. 简述休克的一般处理原则。

第四节

包扎

【要点】

包扎的目的是保护伤口、减少污染、固定骨折以防止骨折处活动造成进一步的损伤,通过包扎还可以达到止血及固定药物、敷料,减轻疼痛的作用。

常用的包扎材料为三角巾、绷带,若现场无包扎材料,也可用毛巾、衣服、床单等代替。

【必备知识】

一、常用的包扎材料

常用的包扎材料如下。

1.纱布、绷带。

2.三角巾。标准三角巾为底边长 130 cm、左右边长为 65 cm 的三角形白布,顶角有一固定带子,一般急救箱中都有 1~2 个,经过无菌处理,装在密闭压缩的袋中,如图 4-4-1 所示。

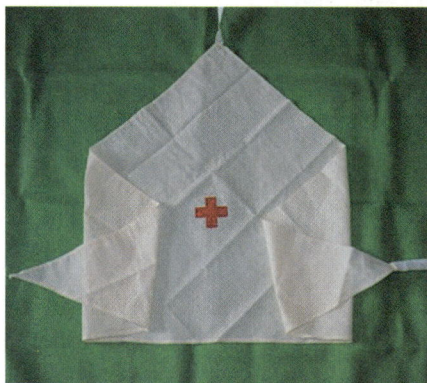

图 4-4-1　三角巾

3.在紧急情况下,毛巾、包袱布、手绢、撕开的衣服等也可作为包扎材料进行包扎。

4.尼龙网套主要用于头部的包扎与固定,操作简单。

二、包扎方法

1.绷带包扎法

(1)环形包扎法

环形包扎法用于手腕、颈部、胸腹部或肢体粗细相等的部位。其具体操作为:将绷带做环形缠绕,第一圈稍呈斜形,第二圈将第一圈之斜出的一角压圈于环形圈内,环绕数周,最后用胶布或别针固定。各种不同的绷带包扎法开始和结束都用这种方法,如图 4-4-2 所示。

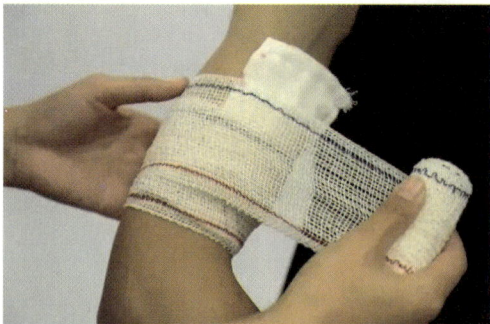

图 4-4-2　环形包扎法

（2）螺旋包扎法

螺旋包扎法用于肢体粗细相差不多的部位,如肢体、躯干等处。其具体操作为:第一圈与第二圈同环形法,从第三圈开始将绷带做螺旋形向上缠绕,每绕一圈重叠 1/2~1/3,绕成螺旋状,如图 4-4-3 所示。

图 4-4-3 螺旋包扎法

（3）螺旋返折法

螺旋返折法用于肢体粗细不等的部位,如小腿、前臂等处。其操作方法为:先用绷带做螺旋形缠绕,待到渐粗的地方就每绕一圈在同一部位把绷带返折一下盖住前圈的 1/3~2/3,由下而上缠绕,如图 4-4-4 所示。

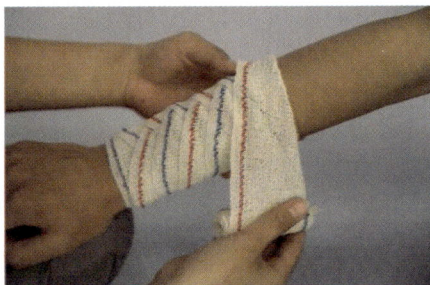

图 4-4-4 螺旋返折法

（4）"8"字包扎法

"8"字包扎法用于包扎屈曲的关节,如肘、膝、踝、腕等关节部位。其操作方法为:环形开始两周后,以关节为中心,将绷带一圈向上、一圈向下交叉缠绕,每圈压遮盖前一圈的 1/3~1/2,如图 4-4-5 所示。

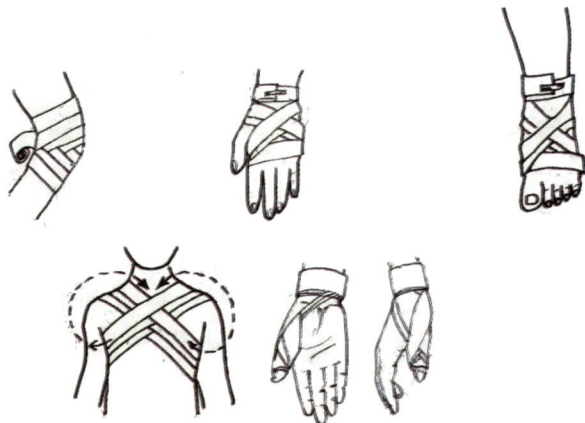

图 4-4-5 "8"字包扎法

（5）回返包扎法

回返包扎法用于头和断肢残端的包扎。其操作方法为：施救者将绷带做多次来回返折，助手在绷带回返折时按压其返折端。第一圈从中部开始，接着各圈一左一右，直至将伤口全部包扎住，再做环形缠绕将所返折的各端包扎固定，如图4-4-6所示。

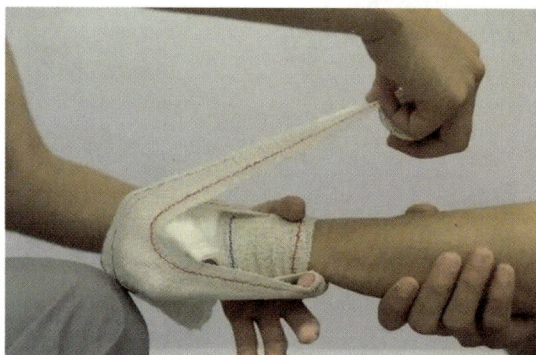

图4-4-6　回返包扎法

2.三角巾包扎法

（1）头部包扎法：先将三角巾的底边折叠成二层（约二指宽），放置于前额两眉的上方；然后将三角巾的顶角放在头后部，三角巾的两端经两耳上方拉向头后部交叉，再返回前额部打结；最后将后部多余的三角巾顶角部分掖入头后部交叉处，如图4-4-7所示。

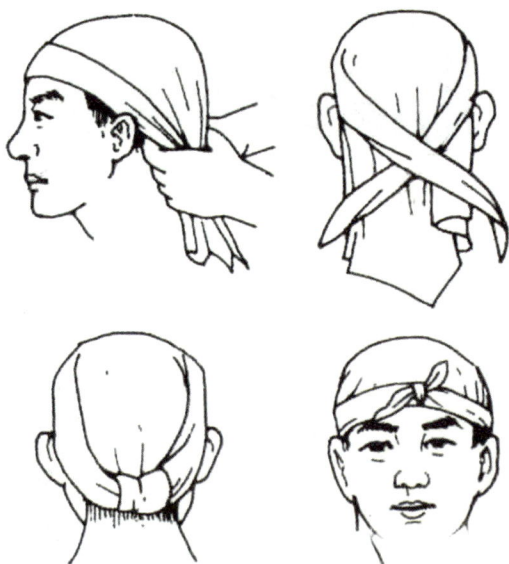

图4-4-7　头部包扎法

（2）面颌包扎法：将三角巾叠成长带，宽约10 cm，将下颌兜起绕过头顶到对侧耳前颞部，将两头绞成"十"字并横行于额部包扎打结，如图4-4-8所示。

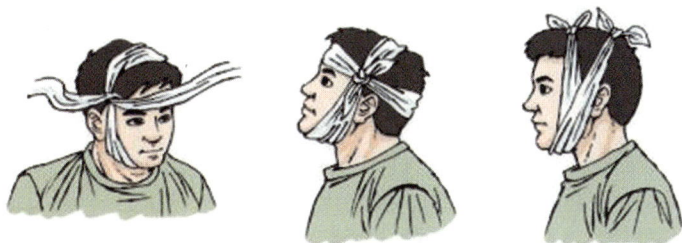

图 4-4-8 面颊包扎法

（3）面部面具式包扎法：面部面具式包扎法是将三角巾顶角打一个结，兜住下颌，罩住面部，左右底角拉紧在枕后交叉，压住底边，再绕到前额打结，根据情况可以在眼、口、鼻等处剪开小孔，如图 4-4-9 所示。

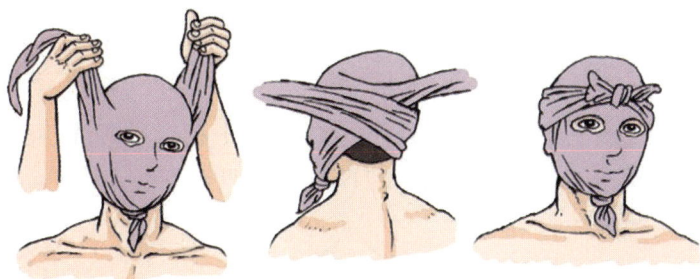

图 4-4-9 面部面具式包扎法

（4）单肩包扎法：三角巾顶角过伤侧肩颈部置于胸前，用系带从后经腋下沿三角肌下缘处绕上臂两周固定，将外侧底角折回肩部，绕过后背与另一底角在对侧腋下打结，如图 4-4-10 所示。

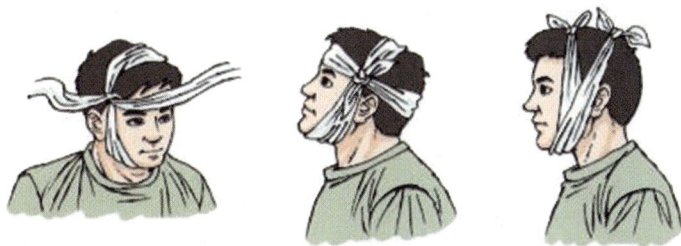

图 4-4-10 单肩包扎法

（5）双胸包扎法：将三角巾对折成燕尾状置于胸前，将系带绕过后背与底边打结，提起左右底角上翻至颈后打结，如图 4-4-11 所示。

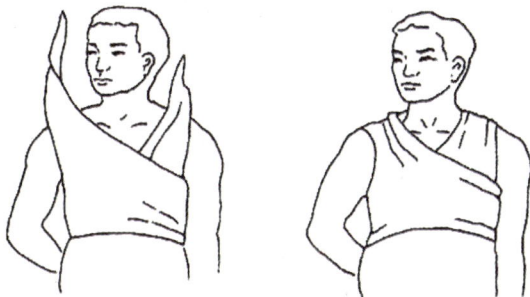

图 4-4-11 双胸包扎法

（6）臀部包扎法：三角巾斜放于伤侧臀部，顶角向后近臂裂处系带绕过大腿上端固定，将一侧底角从下反折向上经由臀部至对侧腰骶部与另一侧底角打结，如图 4-4-12 所示。

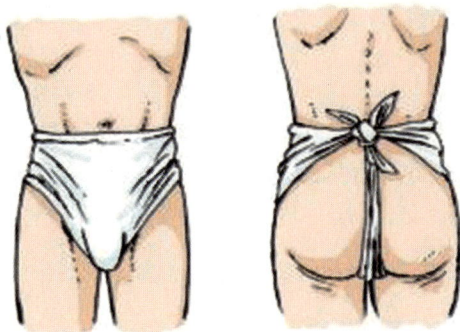

图 4-4-12　臀部包扎法

（7）手部包扎法：将三角巾一折二，手放在中间；中指对准顶角，把顶角上翻盖住手背，然后两角在手背交叉，围绕腕关节在手背上打结，如图 4-4-13 所示。

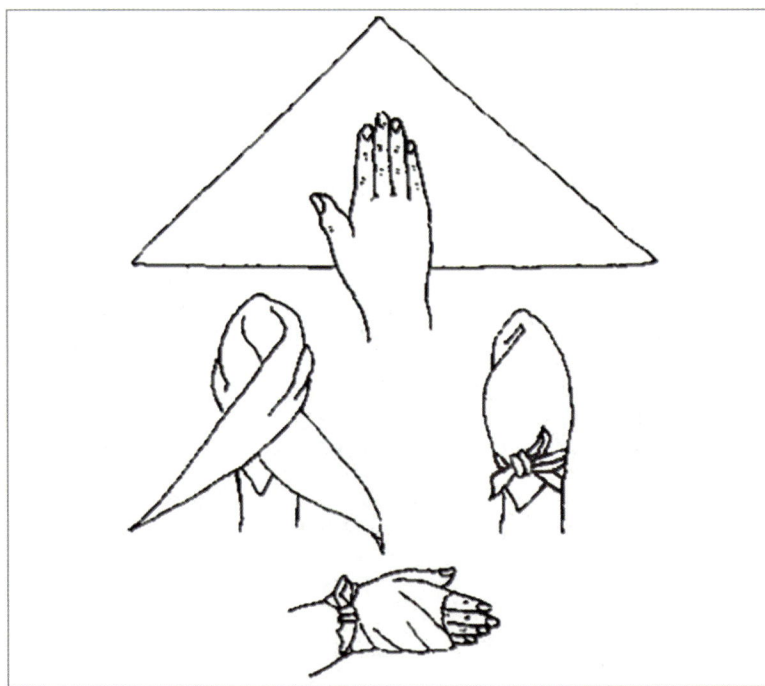

图 4-4-13　手部包扎法

（8）上肢三角巾包扎法：上肢任何部位损伤时，都可用三角巾将伤肢固定于胸前。方法是：先用一块三角巾摊开于胸前，一角置于伤肢对侧颈旁，将伤肢置于胸前，肘关节屈曲呈 90°或略小的角度，折起三角巾使其下角自伤侧颈旁搭过，并且在颈后将两角打结；另用一块三角巾叠成宽带，将伤肢固定于胸壁上，如图 4-4-14 所示。

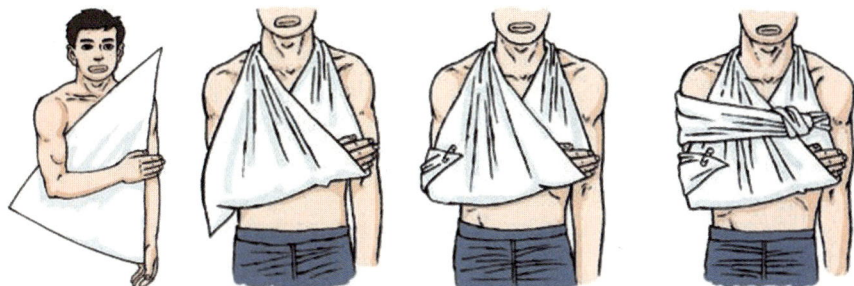

图 4-4-14 上肢三角巾包扎法

三、包扎的注意事项

1. 包扎的动作要轻、快、准。包扎时避免触碰伤口，以免增加伤员的疼痛、出血和感染。

2. 用敷料覆盖伤口包扎，敷料应超过伤口边缘 3 cm。

3. 绷带包扎时，术者面向伤员，左手拿绷带头，右手拿绷带卷，将绷带的外面贴近皮肤，从左向右、从下到上缠绕。要掌握"三点一行"，即绷带的起点、力点（多在伤处）、止点和走行方向顺序。

4. 避免过松滑脱，或过紧压迫神经、血管而影响远端血液循环。包扎四肢时，要暴露指（趾）末端，以便随时观察伤肢血液循环。

5. 肘部要弯着包扎，膝部要伸直包扎，以保持身体的功能位置。

6. 不要在伤口上打结，以免压迫伤口而增加伤者的痛苦。

【思考题】

1. 绷带包扎法有哪几种？

2. 三角巾包扎法有哪几种？

第五节

骨折固定及搬运

【要点】

现场固定是骨折急救时最重要的一项工作，应用适当的方法将骨折的肢体临时固定起来，以防止休克，避免骨折断端在搬运移动时更多地损伤组织。

【必备知识】

一、骨折

1. 骨折的定义及分类

骨折是指骨的完整性遭到破坏或其连续性发生中断。骨折一般多由外力（暴力）作用所致，又称外伤性骨折。

根据骨折是否与外界相通,可以将骨折分为骨折处不与体外相通的闭合性骨折和骨折处与体外相通的开放性骨折;根据骨折的程度,可以将骨折分为骨组织完全断裂的完全性骨折和骨组织只有部分断裂的不完全骨折。健康骨骼受各种不同外力作用而发生的骨折,称为外伤性骨折;有病(例如肿瘤、结核、炎症等)骨骼遭受轻微外力作用而发生的骨折,则称为病理性骨折。

2. 骨折的临床表现

(1)局部疼痛

骨折处常出现疼痛和明显的压痛,从远处向骨折处挤压或叩击,也可在骨折处引发间接压痛。

(2)肿胀和瘀斑

骨折时由于局部血管破裂出血和软组织损伤后的水肿而导致患肢肿胀,严重时可出现张力性水疱。如骨折部位较表浅,血肿血红蛋白分解后可呈现紫色、青色或黄色的皮下瘀斑。

(3)功能障碍

骨折部位的疼痛和肿胀可使患肢丧失部分或全部的活动能力。

(4)畸形

由于骨折段移位,而导致受伤部位失去正常形态,主要表现为短缩、成角、旋转畸形。

(5)反常活动

正常情况下肢体不能活动的部位,在骨折后出现不正常的活动。

(6)骨擦音或骨擦感

骨折后骨折段之间相互摩擦时可产生骨擦音或骨擦感,但在查体时不应反复主动去求证,以免增加患者疼痛和局部软组织的损伤。

3. 骨折的现场急救

骨折现场急救的目的在于用简单有效的方法,抢救生命,防止休克,保护伤肢,减少痛苦,避免组织再损伤和再污染,并创造运送条件。

(1)一般处理

对怀疑有骨折的病人,均应当按骨折处理,现场必须将骨折部位固定起来,力求避免不必要的搬运。对开放性骨折伴出血的病人,应当立即给予止血,止血后用干净布单或毛巾将创口包好,再用夹板将患肢固定起来。

(2)创口包扎

绝大多数创口出血,用绷带压迫包扎后即可止血,可用消毒敷料包扎创口或用较清洁的布类包扎,既可以预防出血、防止休克,还可以防止创口再污染。骨折端已戳出创口,但未压迫血管神经时,不应立即复位,以防污染伤口深部,可用消毒敷料或清洁布单包扎伤口。

(3)妥善固定

固定是骨折急救时最重要的一项,应用适当的方法将骨折的肢体固定起来,但不可试行复位。

固定材料以特制夹板最好,也可以用木板、硬纸板代替,若没有可用材料,也可将受伤的上肢绑在胸部,将受伤的下肢同健肢一并绑起来。固定范围要包括骨折处的上、下两个关节,并要求露出指(趾)端以便观察血液循环变化,如发现指(趾)端苍白、麻木、青紫、剧烈疼痛,应松开并重新固定,松紧适当。

固定材料不能与皮肤接触,必须用绷带、棉花或者布条包住才能取用,或在皮肤与夹板之间,尤其在夹板两端、骨突起和空隙部位要用棉花或代替品垫好,防止皮肤受压、组织坏死。

4. 骨折的固定方法

(1)脊柱、颈椎骨折的固定

处理脊柱、颈椎骨折时,可将伤员置于木板上,用绷带将伤员的胸、腹、髋、膝、踝部固定于木板上。处理颈椎骨折时,使伤员仰卧于木板上,颈下、肩部两侧要加垫,头部两侧用棉垫固定以防止左右摇晃,然后用绷带或三角巾将伤员的额、颏、胸固定于木板上,如图4-5-1所示。

图 4-5-1 颈椎骨折固定法

(2)前臂骨折夹板-三角巾固定法

夹板一块,长及肘关节至手指,掌心放一棉团握住,将夹板置于前臂掌侧,用三角巾或宽绷带扎紧,夹板两端外侧打结,再将伤肢悬吊于胸前。如有两块夹板,可在掌、背两侧各放一块固定,再用三角巾将肘关节屈曲吊起。如现场无夹板等固定物,可用两块三角巾将伤肢固定于胸前。方法是:先用一块三角巾摊开于胸前,一角置于伤肢对侧颈旁,将伤肢置于胸前,肘关节屈曲呈90°或略小的角度,折起三角巾使其下角自伤侧颈旁搭过,并且在颈后将两角结扎;另用一块三角巾叠成宽带,将伤肢固定于胸壁上,如图4-5-2所示。

图 4-5-2 前臂骨折夹板-三角巾固定法

（3）小腿骨折与健肢固定法

小腿骨折时,若现场无夹板等固定物,可利用健肢进行固定。将两下肢合并,在膝关节处及上下和踝关节处各扎一条三角巾,打结在健肢外侧。注意踝关节用"8"字形绷带固定并在两腿间加棉垫,如图4-5-3所示。

图4-5-3　小腿骨折与健肢固定法

（4）锁骨骨折

用一个三角巾悬吊前臂,另用一三角巾将患肢上臂固定在胸廓上,亦可在两侧腋下放置棉花后,用"8"字形绷带固定。

（5）肋骨骨折

肋骨骨折时除有骨折的局部症状外,还可能有呼吸时剧痛、呼吸表浅,严重时有呼吸困难、咳血等情况。

固定方法:用棉花垫住患侧胸部,嘱咐病员尽量呼气,并且在呼气时用绷带将胸部由下而上包缠固定。

（6）指骨骨折

用一与手指等宽、长度为由指尖至手腕的小夹板放于掌侧,用绷带由指缠至手腕做固定。

（7）掌骨骨折

用一长度为由指至前臂中部、宽度相当于手掌的夹板置于掌侧,用绷带固定,再将肘关节屈曲,用三角巾或绷带悬吊于胸前。

（8）上臂骨折

用长、宽与上臂相当的夹板置于骨折处外侧固定,再用三角巾将前臂吊于胸前,最后用三角巾将上臂固定于胸廓上,如图4-5-4所示。

图4-5-4　上臂骨折夹板-三角巾固定法

5. 骨折固定的注意事项

（1）首先对伤员进行全面检查,若无呼吸和心跳,则应立即进行CPR。对于出血伤员应先止血,然后对伤口进行包扎处理后再进行骨折固定。

(2)对骨折后造成的畸形一般不予整复,若骨折端顶压血管造成远端肢体血液循环障碍,要先牵引,解除压迫后再固定。对开放性骨折在未清创前,不能把骨折断端送回伤口内,以免引起严重感染,可用消毒纱布或干净手绢覆盖伤处。临时包扎,只要适当固定即可。

(3)夹板要放在创伤部位的两侧或下方,固定包扎缠绕至少应有两处,夹板应光滑,靠皮肤的一面最好用软垫垫起,并用纱布包裹两头。

(4)固定范围一般应包括骨折处远、近两个关节,松紧应适宜。过松会失去固定的作用,过紧会影响肢体的血液循环。以捆扎夹板的布带可上下各移动1 cm(或夹板与肢体之间有一指厚的间隙)为度。

(5)固定四肢时应尽可能暴露手指(足趾),以观察指(趾)尖是否发紫、肿胀、疼痛和有血液循环障碍等,若有上述征象,应松解捆扎的布带,重新捆扎。

(6)颈椎骨折的固定:只要颈部有受伤史,无论有无颈椎骨折,均应按有骨折处理。特别是伤后有上下肢感觉或运动障碍者,更应高度怀疑有颈椎骨折的可能性,采用与躯干长轴一致的方向适当牵引头部,然后用颈托固定颈部,使头部固定于轻度过伸位并不能屈伸和左右旋转,固定好后方可移动。对于脊柱骨折或怀疑脊柱骨折的伤者,最好能用脊柱板担架固定后再移动伤者,而且要3个人同时将伤者平托于担架或木板上。

二、伤员搬运

1. 定义及分类

伤病员搬运是创伤救护中另一个重要环节,是使伤员能够及时、安全地撤离事故现场,或对患者初步救护后在转运过程中所使用的急救技能之一。根据是否使用器械,伤员搬运分为徒手搬运术和器具搬运术。

2. 徒手搬运术

徒手搬运术是指搬运过程中不借助任何器械,而仅凭人力进行搬运的方法,适用于伤势较轻和转运路程较近的患者。

(1)单人搬运法

●扶行法:适用于伤情较轻、无骨折、能站立行走的伤员。施救者与患者并肩而行,用外侧的手牵着患者的手腕,另一手扶着患者的腰部。

●抱持法:施救者一手托住患者的背部,另一手托起其大腿,将患者抱起,如图4-5-5所示。

●背负法:注意此法不适用于胸部损伤的患者。

图4-5-5 单人抱持法和背负法

（2）双人搬运法

双人搬运法有椅托式、轿扛式以及双人拉车式等方法,如图4-5-6所示。

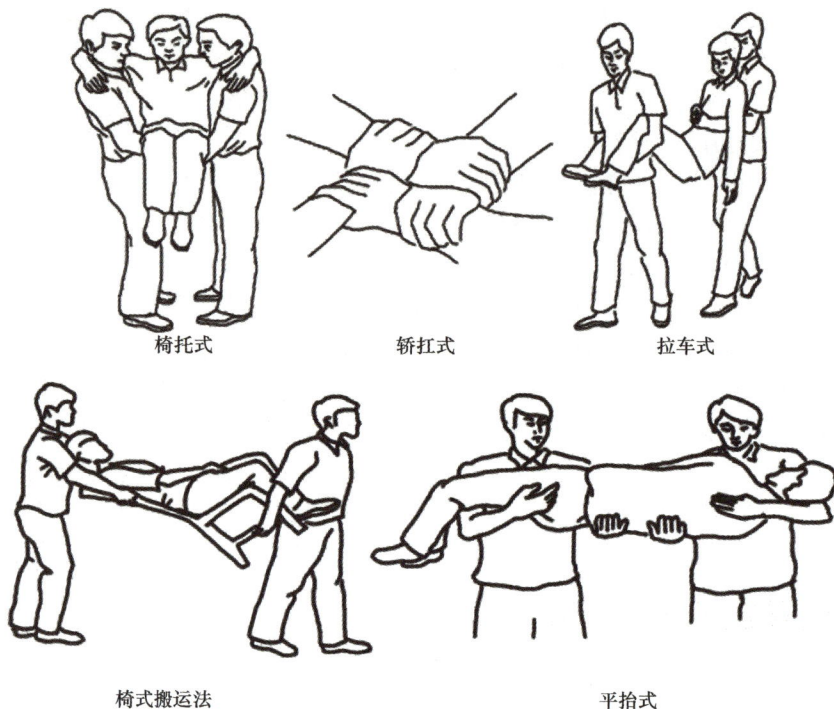

椅托式　　　　　轿扛式　　　　　拉车式

椅式搬运法　　　　　　　　平抬式

图4-5-6　双人搬运法

（3）多人搬运法

对于脊柱、颈椎受伤的伤病员,通常采用多人搬运的方法。具体搬运方法为:一人负责伤病员头部的牵引固定,使伤病员的头部始终保持在与躯干成直线的位置,维持颈部不动;另两至三人托住伤病员的躯干、骨盆、肢体,将患者平放至担架上,如图4-5-7所示。

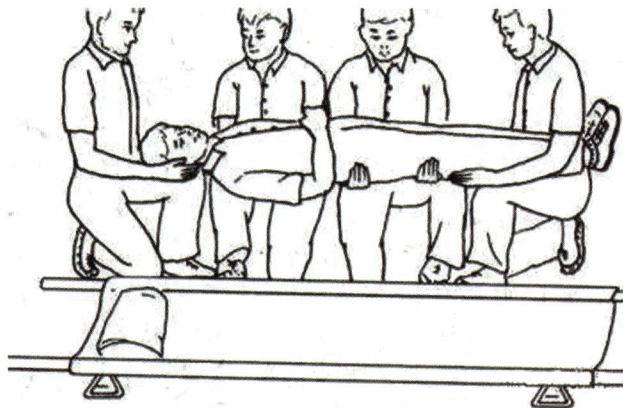

图4-5-7　多人搬运法

3. 器械搬运

器械搬运是指利用现代医用搬运器械或简易工具进行转运伤病员的急救技术。

• 帆布折叠式担架:适用于普通患者的搬运,不适用于脊柱损伤的伤病员,如图4-5-8所示。

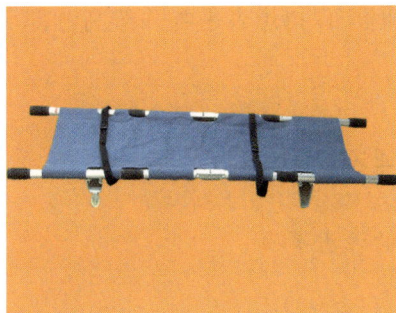
图 4-5-8　帆布折叠式担架

●铲式担架:对于脊柱损伤或不宜随意翻动、搬运的危重伤病员,可借助铲式担架进行搬运,如图 4-5-9 所示。

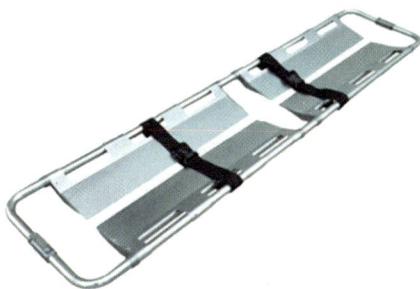
图 4-5-9　铲式担架

●罗伯逊担架:构造有一定的灵活性和特殊性,适合空中或海上救援,如图 4-5-10 所示。

图 4-5-10　罗伯逊担架

4.伤病员搬运过程中的注意事项

(1)搬运前应全面检查伤病员的生命体征和受伤部位,先对外伤进行止血扎、固定等前期处理,保持呼吸道通畅,才能搬运。

(2)病情不明和器材未准备妥当时,切忌匆忙搬运。

(3)搬运过程中尽量保持脚在前、头在后,以便观察。遇台阶或上下坡时,尽可能将高度放低,低处抬高,以保持水平。

(4)对于脊柱损伤的伤病员,应使用专用的脊柱板担架搬运。

(5)开放性气胸伤病员的搬运应注意使用敷料严密地堵塞伤口,搬运时伤病员应采取半卧位并斜向伤侧。

(6)颅脑损伤患者搬运时应注意保持头部固定,防止摇动。

(7)对于昏迷患者,搬运时应保持患者平卧并垫高背部,头稍后仰,如有呕吐,须将其头偏向一侧。

【思考题】

1. 简述不同部位骨折的固定方法。

2. 简述伤员搬运的方法。

3. 简述伤员搬运过程中的注意事项。

第六节

烧、烫伤及急救措施

【要点】

烧、烫伤泛指各种热源、光电、化学腐蚀剂(酸、碱)、放射线等因素所致的人体组织损伤。热源包括热水、热液、热蒸汽、热固体或火焰等。轻微的烧、烫伤可以是一般的生活性损伤事件,预后良好。严重的烧、烫伤预后严重,须紧急救治。

【必备知识】

一、烧、烫伤面积估算

1. 九分法

九分法即两上肢各为9%,两下肢前、后分别为9%,前胸9%,后背9%,臀部9%,腹部9%,头面颈部(前后)9%。如此共为11个9%,外加会阴部1%,合计100%,如图4-6-1所示。

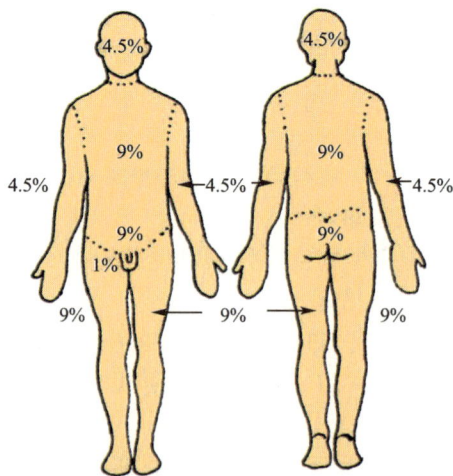

图4-6-1 烧、烫伤面积九分法

2. 手掌法

不论年龄大小,伤员五指并拢时其手掌面积占体表约1%,因此手掌法常用于小面积或分散的烧伤估算。

二、烧伤深度估算

烧伤深度采用三度四分法,即一度、二度(分浅、深二度)和三度烧伤,如表 4-6-1所示。

表 4-6-1 烧伤深度计算表

烧伤分度		深度	创伤面表现	创面无感染时的愈合过程
一度(红斑)		达表皮角质层	轻度红、肿、痛、热,感觉过敏,表面干燥	1~3天后脱屑痊愈,无疤痕
二度(水疱)	浅二度	达真皮浅层,部分生发层健在	剧痛,感觉过敏,有水疱,基底呈均匀红色,潮湿,局部红肿	1~2周愈合,无疤痕,有色素沉着
	深二度	达真皮深层,有皮肤附件残留	痛觉迟钝,有水疱,基底呈苍白色,间有红色斑点,潮湿	3~4周愈合,有轻度疤痕
三度(焦痂)		达皮肤全层,甚至伤及皮下组织、肌肉和骨骼	痛觉消失,无弹力,坚硬如皮革样,蜡白、焦黄或炭化,干燥。干后皮下静脉阻塞如树枝状	2~4周焦痂溶解,形成肉芽创面,除小面积外,一般均需植皮才能愈合,可形成疤痕和疤痕挛缩

三、现场急救措施

1. 灭火并迅速脱离现场

扑灭火或尽快脱去着火或沸液浸渍的衣服。制止伤员奔跑、呼叫及用手拍打火焰,以免助长火势,引起呼吸道和双手烧伤。

2. 对创面处理

当强酸、碱及其他化学品致伤时,应当迅速脱去被浸渍的衣服,用大量清水冲洗,越快越好。然后,用急救包、三角巾或者干净敷料包扎创面,如系磷烧伤,应将敷料浸湿后包扎,创面不可用任何油膏、万花油等涂擦,以免增加以后的清创困难。如果伤员不能立即送医院治疗,有条件时,在无休克等危重情况下,亦可在肌注杜冷丁有效止痛后,用0.1%新洁而灭溶液清洁创面,再外敷无菌敷料。

3. 镇痛与镇静

烧伤后的剧痛,可引起原发性休克。疼痛剧烈时,可给予镇静止痛剂。轻者可口服去痛片,剧痛者可给予杜冷丁50~100 mg肌注,但有颅脑伤或呼吸功能障碍者禁用。

4. 注意合并伤

去除致病原因后,首先对危及病人生命的合并伤,如休克、出血、窒息、呼吸停止等要迅速进行抢救。有骨折者要进行包扎和固定。

5.早期预防休克

中、大面积烧伤,若4~8 h内不能送到医院治疗,渗出可引起继发性休克,烧、烫伤后应立即口服含盐饮料,不宜单纯喝开水,以免加重渗出或引起其他病变。

中、小面积烧伤,做上述处理后,便可立即送医院;中、大面积伤员病情重,在做上述处理的同时,应与陆地医院取得联系,转送途中最好要有医生护送,并要继续进行口服或静脉输液(含盐液)抗休克、止痛和抗感染等处理。

【思考题】

1.简述烧、烫伤的面积估算方法。

2.简述烧伤深度的判断方法。

3.简述烧、烫伤的现场急救措施。

第七节

其他病症及急救措施

【要点】

了解和掌握中暑、晕厥等病症的症状及急救措施,有利于及时正确地救治伤员,保证人员的生命安全。

【必备知识】

一、中暑

1.中暑的分类和临床表现

(1)先兆中暑

患者有头昏、耳鸣、胸闷、心悸、恶心、大汗、口渴、四肢无力以及注意力不能集中等现象,体温正常或稍高,如及时离开高温环境,可以很快恢复。

(2)轻度中暑

有先兆中暑症状,同时伴有面色潮红、体温继续升高或者伴有早期循环衰竭症状,如面色苍白、血压下降、脉搏细弱、皮肤湿冷等。

(3)重度中暑

除有上述症状外,还有昏厥、痉挛、高热、体温达40 ℃以上,甚至昏迷等症状。重度中暑又分为以下三种类型:热痉挛、热衰竭和热(日)射病。

● 热痉挛:在高温环境下进行剧烈运动、大量出汗后,人体容易出现肌肉痉挛,最易发生的部位是腓肠肌,持续约3 min后缓解,无明显体温升高。症状的出现与严重体钠缺失(大量出汗未及时补充盐水)和过度通气有关。

● 热衰竭:最为常见,常发生于老年人、儿童和慢性疾病患者,系心血管功能对高温不能适应的一种表现。病人可有面色苍白、血压下降、脉搏细弱、皮肤湿冷等明显脱水症状,甚至出现昏迷等症状,体温可能轻度升高。

● 热(日)射病：热射病是一种致命性急症，表现为高热(大于 40 ℃)和神志障碍。热射病多发生于高温、湿度大和无风天气下进行重体力劳动或者剧烈运动时，过热型患者突出表现为皮肤干燥、灼热潮红、无汗，体温高达 40 ℃以上，伴有意识模糊、抽搐、昏迷。早期瞳孔缩小，对光反射迟钝；晚期瞳孔散大，对光反射消失，心动过速，血压下降，脉搏洪大，呼吸困难甚至死亡。热射病是头部长时间受强烈的太阳直接辐射，引起脑膜及脑组织充血所致，突出表现为剧烈呕吐，皮肤干燥，体温不升或微升，重者意识不清、抽搐等。

2. 中暑的急救方法

(1)中暑应以预防为主，一旦发现先兆中暑或轻度中暑表现，患者应立即撤离高温作业的环境，到阴凉、通风、安静地方休息，例如走廊、树荫下等。

病人取半仰卧位，解开衣扣，脱去或松开衣服，同时用电扇或扇子扇风，以帮助散热，有条件时可在空调房内降温，同时补充含盐清凉饮料，即可逐渐恢复。对于大出汗和伴有呼吸循环衰竭倾向的轻度中暑者，可以饮大量的糖盐水，有条件做静脉输液者最好采用葡萄糖生理盐水，也可以给病人服用人丹、藿香正气水等药物。

(2)重度中暑者必须争分夺秒地紧急抢救，迅速降低过高体温，纠正水、电解质的紊乱，防止休克和脑水肿等。

(3)用冷水或冰水冷敷头部、颈部及四肢大血管处(如腋窝、腹股沟)等进行物理降温，也可用 40%酒精擦身，同时按摩病人的四肢，以防周身循环的停滞。

(4)药物降温与物理降温同时应用效果较好。常用的降温药物是氯丙嗪，该药有抑制体温、调节中枢、扩张周围血管、加速散热、松弛肌肉及降低氧耗量的作用。用法：将氯丙嗪 25~50 mg 稀释于 500 ml 葡萄糖溶液或生理盐水中滴注 1~2 h。病情紧急时，可将氯丙嗪 25 mg 及异丙嗪 25 mg 稀释于 100~200 ml 葡萄糖溶液或生理盐水中，在 10~20 min 内滴注完毕。若 2 h 后体温仍无下降趋势，可再重复一次。滴注时，注意观察血压、心率、呼吸等变化。受条件限制时，亦可使用阿司匹林等药物。

二、晕厥

晕厥也称昏厥、虚脱、昏倒，是一过性脑部缺血、缺氧引起的短暂的意识不清，在脑供血恢复后，患者立刻就会苏醒。

1. 晕厥的原因

单纯性晕厥较多见，可以由强烈刺激诱发，如恐惧、疲劳、疼痛、见血、悲痛或饥饿引起低血糖，从而引起全身广泛性小血管扩张，使脑部缺血导致晕厥发生。但是，晕厥也可能是某些严重急病的表现，如各种心脏病、颈椎病、脑动脉硬化、低血压。

2. 晕厥的临床表现

昏厥前有预兆，患者有头晕、眼花、恶心、耳鸣、眼前发黑、出冷汗、衰弱、站立不住而昏倒等症状。昏厥的进一步发展会出现神志不清、面色苍白、皮肤湿冷、呼吸表浅、脉搏弱而慢但逐渐加速、血压逐渐降低、不省人事等症状。昏厥发作时，患者多处于站立或坐位，很少在卧位时发生。

3. 晕厥的处理措施

（1）出现昏厥先兆症状或昏倒在地时，让病人平卧，头部略低并抬高下肢，解开衣领、腰带等。

（2）移动病人至空气流通处，听病人是否有呼吸；若病人呼吸有困难，如有条件时可输氧；若呼吸停止，应立即进行人工呼吸。

（3）用针刺或用手掐有效穴位，如人中、合谷等，以促其苏醒。

（4）知觉恢复后，可给以热茶、热咖啡。给患者擦涂清凉油、风油精等也有一定疗效。

（5）病人清醒后，有条件时应送医院做进一步检查，以明确是否有心脏病、颈椎病、脑血管病等，便于针对病因治疗。

三、强酸、强碱损伤

1. 分类

根据造成损伤的途径，强酸、强碱损伤可分为接触性损伤、吸入性损伤以及食入性损伤等。

①接触性损伤

接触性损伤是酸或者碱直接污染皮肤所致，主要症状是眼球充血、怕光、流泪，皮肤红肿、烧灼等。

②吸入性损伤

吸入性损伤是吸入酸或碱蒸汽所致，表现为咽喉干燥、疼痛，声音嘶哑，咳嗽，严重者有气急、呼吸困难等症状。

③食入性损伤

食入性损伤多为误服或者自杀时自服酸或碱液损伤，可产生严重的消化道烧灼伤，病人感到剧烈的烧灼痛、胃肠绞痛、恶心呕吐，可吐出血性液体，常有腹泻，排出血性黏液便，严重者可有消化道穿孔，形成腹膜炎、休克，甚至死亡。

2. 损伤的急救措施

①接触性损伤

• 用大量流动清水彻底冲洗被酸或碱污染的皮肤与伤口至少 15 min；

• 同时脱去被污染的衣服、鞋袜等；

• 用三角巾或者干净敷料包扎创面；

• 送医院进一步处理。

②吸入性损伤

• 迅速撤离有害场所，将病人移到空气新鲜处，解开上衣，保持呼吸道通畅；

• 用水或中和剂含漱或雾化吸入；

• 呼吸困难者可能出现肺水肿，应给予吸氧及相应处理；

• 对呼吸停止者进行人工呼吸，对心跳停止者进行胸外心脏按压。

③食入性损伤

• 禁止催吐和洗胃，患者可饮清水以稀释酸或碱溶液。强碱损伤者，可口服食醋和稀果汁；强酸损伤者，不宜用碳酸氢钠中和，以免胃肠胀气引起胃穿孔，可口服鸡蛋清或牛奶 200 ml，半小时后再服植物油 100~200 ml 以起润滑作用。

- 保持呼吸道通畅,尽快送医院抢救。喉头水肿而致呼吸困难者,可用地塞米松减轻喉头水肿,必要时做气管切开治疗。
- 维持电解质及酸碱平衡,抗休克及抗感染,积极防治肺水肿。

四、电击伤

一定量的电流或电能量通过人体引起组织不同程度损伤或器官功能障碍,甚至发生死亡的现象,称为电击。

1. 电击伤的特点

(1)全身表现

触电后,轻者会出现痛性肌肉收缩、惊恐、面色苍白、头痛、头晕、心悸等症状,重者则会出现抽搐与休克症状,可能伴有心律不齐,或者立即进入"假死"状态(即心跳和呼吸停止)。高压电击特别是雷击时,常发生意识丧失,心脏、呼吸骤停,如不及时复苏,则会死亡。

(2)局部表现

电流的进出口部位皮肤发生烧伤,虽然烧伤面积小,仅限于触电部位,但是组织破坏很深,可达肌肉、骨骼。烧伤部位的组织炭化或坏死成洞,边界清楚,且愈合慢,容易出血。

(3)并发症和后遗症

电击后 24~48 h,常出现严重室性心律失常、肺水肿、胃肠道出血、弥散性血管内凝血、烧伤处继发细菌感染等症状,约半数电击者有单侧或双侧鼓膜破裂。电击后数天到数月,可能出现神经系统病变、视力障碍等。

2. 电击伤的现场急救

(1)立即切断电源,或者用绝缘物体如干燥的竹竿、木棒等拨开电线。

(2)呼吸和心跳停止者,应当立即进行心肺复苏术,以挽救伤者生命,且能减少并发症和后遗症。心肺复苏术是抢救电击伤者的最主要措施,应持久进行,不要轻易放弃。

(3)电灼伤创面,要消毒、包扎,减少污染。创面周围皮肤先用碘酒、酒精处理,再用油纱布包扎,并加盖消毒敷料。皮肤组织坏死者应当进行清创术,及时切除焦痂,必要时用抗毒素预防破伤风,用抗生素预防感染。

【思考题】

1. 简述中暑的急救措施。
2. 简述晕厥的急救措施。
3. 简述强酸、强碱损伤的急救措施。
4. 简述电击伤的急救措施。

第五章
急救箱和常用急救药品

第一节
急救箱的配置及使用注意事项

【要点】

通常市场上出售的急救箱分为内科急救箱、外科急救箱及保健箱等,所配备的用品和药物也有所不同。船上急救箱所包含的内容无统一规定,所配备的器械和药物可根据船舶大小、船员与乘客人数、航线、航区等做适当调整。

【必备知识】

一、急救箱的配置

1. 器械

器械包括氧气瓶、听诊器、血压计、体温计、压舌板、开口器、大小止血钳、剪刀、镊子、手术刀柄及刀片、弯盘、持针器、缝针及缝线、胶皮止血带、手电筒、小夹板、针灸针、砂轮、开瓶器等,有条件的船舶还需配置 CPR 呼吸面罩、多功能颈托等器材。图 5-1-1 至图 5-1-5 所示为部分急救配置。

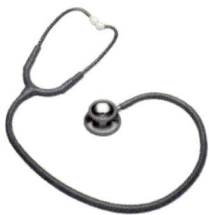

图 5-1-1　听诊器

图 5-1-2　弯盘

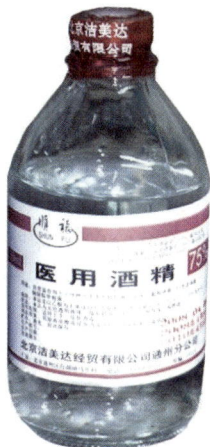

图 5-1-3 丁字开口器　　图 5-1-4 止血钳　　图 5-1-5 医用酒精

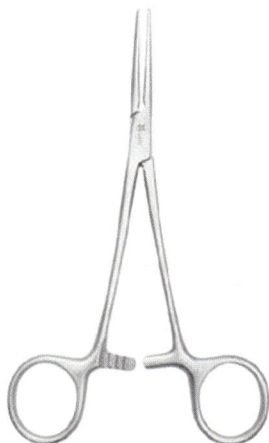

2. 耗材

耗材包括三角巾、绷带、吸氧管、一次性手套、一次性注射器(2 ml、5 ml、20 ml)、一次性输液器、棉花、无菌棉球、无菌棉签、无菌纱布、胶布、无菌创可贴等。

3. 药品

(1)针剂:包括肾上腺素、异丙肾上腺素、阿托品、可拉明、洛贝林、多巴胺、阿拉明(间羟胺)、西地兰、杜冷丁、安定、地塞米松、异丙嗪、利多卡因、心律平、硝普钠、速尿、氨茶碱、止血敏、654-2、50%葡萄糖溶液、5%葡萄糖溶液、0.9%氯化钠溶液、5%葡萄糖氯化钠溶液、20%甘露醇、5%碳酸氢钠注射液、10%氯化钾注射液等。

(2)口服药:包括硝酸甘油片、消心痛、速效救心丸、硝苯地平(心痛定)、阿司匹林、晕海宁、十滴水、人丹、黄连素、口服补液盐Ⅱ等。

(3)外用药:包括碘酒、酒精、清凉油、风油精、0.9%生理盐水、消毒片等。

二、急救箱的使用注意事项

(1)急救箱应放置在固定的地方,并有专人负责管理,使箱内物品保持在有效可使用状态。开航前应进行检查,及时补充或更新,对有些药物要注意失效期及特殊的贮存方法。

(2)急救箱内的物品应书写清楚名称、排列整齐、位置固定、取用方便。

(3)将急救箱放在通风干燥的地方,避免遭受高温、日晒、水浸,要远离火源。

(4)使用前注意检查,若有变质、发霉、过期等情况,不可使用。

(5)建立药品账卡,定期检查,消耗登记,以便下个航次以前及时补充。

(6)使用已消毒物品时,不可将手与消毒物品直接接触。使用器械前要进行消毒,注意药品的适用范围、剂量、用法和副作用,不可误用。

【思考题】

1. 急救箱的配置有哪些?

2. 急救箱的使用注意事项有哪些?

第二节
部分常用药品及抢救用药

【要点】

船员大部分的时间都是在海上,难免会患上感冒、发烧、头痛、过敏或感染等疾病,甚至遇到各种突发性伤害等。因此,掌握常用药品和急救药品的用法是非常重要的。

【必备知识】

一、解热镇痛药

(1)阿司匹林

阿司匹林主要用于治疗感冒、发热、头痛、关节痛等。口服每次 0.3~0.6 g,一日 3 次。

(2)复方阿司匹林(解热止痛片,APC)

复方阿司匹林主要用于治疗感冒、发热、头痛等。每片含阿司匹林 0.226 8 g,非那西丁 0.162 g,咖啡因 0.035 g。口服每次 1~2 片,一日 3 次。

(3)去痛片

去痛片有解热、镇痛、抗风湿的作用,常用于牙痛、头痛、关节痛、神经痛、肌肉痛等。每片含氨基比林 0.15 g,非那西丁 0.15 g,咖啡因 0.15 g,苯巴比妥 0.015 g。口服每次 1 片,必要时加服 1 片。

(4)复方氨基比林

复方氨基比林主要用于治疗发热、头痛、关节痛、神经痛等。每片含氨基比林 0.1 g,安替比林 0.04 g,苯巴比妥 0.018 g。肌肉注射一次 2 ml,一日极量为 10 ml。

二、镇痛药

(1)盐酸吗啡

盐酸吗啡主要用于缓解剧痛、心脏性哮喘、脑水肿等。常用量为每次 5~15 mg 皮下注射。对痛因不明者,不可随便使用。本药应由医生或船长保管。

(2)杜冷丁(哌替啶)

杜冷丁缓解剧痛的效果稍次于吗啡,常用量为每次 50~100 mg 做肌肉或皮下注射。本药应由医生或船长保管。

三、镇静和抗惊厥药

(1)苯巴比妥

苯巴比妥又名鲁米那。本药小剂量起镇静作用,中剂量起催眠作用,大剂量则具有抗惊厥作用。镇静口服每次 15~30 mg,一日 3 次;催眠时,睡前口服 30~100 mg;抗惊厥时,肌肉注射 0.1~0.2 g,必要时 4~6 h 后可重复使用。

(2)安定

安定主要用于精神紧张、焦虑不安、失眠或躁动,也可用于癫痫大发作或持续状态。口服每次 2.5~5 mg,一日 3 次;肌肉注射或者静脉注射每次 5~10 mg。

四、中枢兴奋剂

(1)尼可刹米(可拉明)

尼可刹米为呼吸兴奋剂,用于各种原因引起的急、慢性呼吸衰竭。每次 0.25~0.5 g,皮下、肌肉或静脉注射均可,极限用量为 1.25 g/次。

(2)山梗菜碱(洛贝林)

山梗菜碱主要用于治疗呼吸衰竭,每次 3~6 mg,皮下、肌肉或静脉注射均可。

(3)回苏灵

回苏灵主要用于呼吸衰竭,也用于安眠药中毒。每次 8~24 mg,加入 500 ml 5%葡萄糖溶液中静脉滴注,或 8 mg 肌肉注射或静脉注射。

五、升压及抗休克药

(1)肾上腺素

肾上腺素主要用于淹溺、窒息、过敏等原因引起的心跳骤停,以 0.25~1 mg 肾上腺素做皮下、静脉注射,高血压和动脉硬化患者慎用;用于治疗青霉素引起的过敏休克时,只能由医生使用或在医生指导下使用。

(2)异丙肾上腺素

异丙肾上腺素主要用于心搏骤停、心源性休克、阿托品无效的缓慢型心律失常、阿-斯综合征、哮喘等,以 1~2 mg 异丙肾上腺素加入 250~500 ml 5%葡萄糖溶液中静脉滴注,每分钟 15~30 滴,依心率、血压、尿量等调整滴速。也可用以 0.5%溶液气雾吸入治疗哮喘。

(3)多巴胺

多巴胺主要用于各种类型的休克及低血压、心衰、肾衰等,以 20~100 mg 多巴胺加入250~500 ml 5%葡萄糖溶液中静脉滴注,据病情和血压调整滴速。

(3)阿拉明

阿拉明又名间羟胺,用于心源性、过敏性、中毒性或外伤性休克,以 20~100 mg 阿拉明加入 250~500 ml 5%葡萄糖溶液中静脉滴注,每分钟 20~30 滴,用量及滴速随血压情况而定。

六、降血压药

(1)利血平

治疗高血压,口服每次 0.125~0.25 mg,一日 3 次;肌注每次 1 mg,胃溃疡病者慎用。

(2)硝苯地平(心痛定)

急症应用时,舌下含服 10 mg;缓释片 10~20 mg,一日 2 次。

(3)卡托普利(开搏通)

口服每次 12.5~25 mg,每日 2~3 次;高血压危象时,可在密切观察下口含 12.5~25 mg。

七、强心药

（1）地高辛

地高辛是目前临床上应用最为广泛的强心药，为中速类强心药，适用于急慢性心功能不全。每次 0.125~0.25 mg，一日 2 次，5~6 日后改为一日 1 次。强心药的安全范围小，一般治疗量约为中毒量的 1/2。

（2）西地兰

西地兰是一种快速类强心剂，适用于治疗急性心力衰竭并发肺水肿，对慢性心功能不全、室上性心动过速及快速型心房颤动者适用。以 0.4~0.8 mg 西地兰加入 20~40 ml 50%葡萄糖溶液中静脉注射，据病情 4~6 h 后重复使用。

八、抗菌药物

（1）阿莫西林（羟氨苄青霉素）

阿莫西林主要用于治疗敏感菌所致的呼吸道、尿道和胆道感染。口服每次 0.5~1 g，每日 3~4 次。

（2）头孢氨苄（先锋霉素Ⅳ）

头孢氨苄主要用于治疗敏感菌所致的呼吸道、尿道、皮肤和软组织、中耳炎、生殖器官、前列腺等部位的感染。口服每次 0.25~0.5 g，每日 3~4 次。

（3）庆大霉素

庆大霉素主要用于治疗各种细菌感染。每日 16 万~24 万单位静脉滴注；或一次 8 万单位分两次肌肉注射；也可口服，一次 8 万单位，每日 3 次。

（4）红霉素肠溶片：广谱抗生素，主要用于上感、鼻窦炎、蜂窝组织炎、破伤风以及梅毒淋病。0.25 g/片，口服一次 2 片，一天 4 次。

（5）氟哌酸（诺氟沙星）

氟哌酸主要用于治疗敏感菌所致的泌尿道感染、呼吸道感染、肠道感染、前列腺炎和胆道感染及皮肤感染等。口服每次 0.1~0.2 g，每日 3~4 次，宜空腹服用。

（6）痢特灵

痢特灵主要用于治疗细菌性痢疾及肠炎。口服每次 0.1 g，每日 3~4 次。

（7）盐酸小檗碱（黄连素）片（广谱抗生素）

盐酸小檗碱（黄连素）片常用于肠道炎症。0.1 g/片，每次口服 0.1 g，每日 3~4 次。

九、抗过敏药

（1）扑尔敏

扑尔敏主要用于治疗各种过敏性疾病、虫咬、药物过敏等。口服每次 4 mg，一日 3 次。

（2）赛庚啶

赛庚啶主要用于治疗荨麻疹、皮肤瘙痒、过敏性鼻炎等。口服每次 2 mg，一日 3 次。

（3）苯海拉明

苯海拉明主要用于治疗过敏性疾病，也可用于治疗晕车、晕船引起的恶心、呕吐。肌肉注射一次 20 mg，一日 1~2 次。口服一次 25~50 mg，一日 1~2 次，饭后服。

(4)异丙嗪(非那更)

异丙嗪主要用于治疗荨麻疹、哮喘等，一般 25 mg 肌肉注射。

十、抗心绞痛药

(1)硝酸甘油片

硝酸甘油片主要用于心绞痛，也用于胆绞痛、肾绞痛。舌下含服 0.5~1.0 mg，2 min 奏效，可以缓解绞痛 30 min 左右。

(2)消心痛

消心痛主要用于心绞痛和急慢性左心衰。5~10 mg 舌下含服或 5~10 mg 口服，一日 3 次。

(3)速效救心丸

速效救心丸主要用于心绞痛和胸闷。急性发作时，每次 10~15 粒含服，或 4~6 粒，口服一日 3 次。

十一、止血药

(1)安络血

安络血主要用于治疗一般外伤造成的毛细血管破裂而引起的各种出血和其他出血，口服每次 5 mg，每日 3 次；或肌肉注射每次 5~10 mg，每日 2 次。

(2)止血敏

止血敏主要用于治疗各种出血，每次 0.5~1.0 g 肌肉注射或静脉注射。严重出血病例可剂量应用，每日 4 g，加入 250~500 ml 5%葡萄糖溶液或生理盐水中静脉滴注。

(3)云南白药

云南白药主要用于治疗各种跌打损伤的出血。出血者，用开水调服；淤血肿痛未出血者，用酒调服。每次 0.2~0.3 mg，每 4 h 服 1 次，亦可同时进行外敷。

十二、止喘药

(1)氨茶碱

氨茶碱主要用于治疗支气管哮喘，也可用于治疗心绞痛、心源性肺水肿。口服每次 0.1 g，每日 3 次。也可用 0.25 g 氨茶碱加入 20 ml 50%葡萄糖溶液中静脉注射或加入 250 ml 5%葡萄糖溶液中静脉滴注。

(2)喘定

喘定主要用途与氨茶碱相似，口服每次 0.1~0.2 g，每日 3 次；或用 0.5 g 肌肉注射，每日 1 次。

(3)沙丁胺醇(羟甲叔丁肾上腺素，舒喘宁)

沙丁胺醇一般在口服 15 min 或气雾吸入 5 min 后即可起效。口服 2~4 mg/次，每日 3 次。雾化吸入 0.1~0.2 mg/次，每日 3~4 次。

十三、解痉药

（1）硫酸阿托品

硫酸阿托品能解除平滑肌痉挛，抑制腺体分泌，治疗胃、肠、胆、肾等绞痛，以及有机磷中毒、心动过缓、早期感染性休克等。口服每次 0.3~0.6 mg，每日 3 次；皮下、肌肉或静脉注射每次 0.5~1.0 mg；对有机磷中毒，每次 5~10 mg 静脉注射，每 5~20 min 一次。

（2）654-2（山莨菪碱）

654-2 作用与阿托品相似，治疗胃、肠、胆绞痛，中毒性休克，眩晕等。口服每次 5~10 mg，每日 1~3 次；肌肉或静脉注射 5~10 mg，每日 1~2 次。

十四、防暑药

（1）十滴水

十滴水用于治疗中暑引起的头晕、恶心、胸闷、腹痛、胃肠不适等。每瓶 5 ml，成人每次服半瓶至一瓶。

（2）人丹

人丹用于治疗中暑、晕车、晕船等。每次服 5~10 粒。

（3）风油精

风油精为夏季常用防暑药。涂擦于太阳穴等部位，可解头痛；蚊叮虫咬时也可涂擦。

（4）清凉油

清凉油为夏季常用防暑药，用法同风油精。

十五、外用药

（1）碘酒

碘酒常用于一般皮肤感染的消毒，浓度为 2%~3.5%。本品对皮肤有较强的刺激性，用后须用酒精洗净。新生儿慎用，不宜用于黏膜消毒，也不能与红药水同用。

（2）酒精

75% 酒精用于皮肤及器械消毒。

（3）碘伏

碘伏可用于皮肤、黏膜或创面消毒。目前临床应用广泛，但是要注意避光，可密闭放在阴凉处保存。

（4）双氧水

双氧水常用于清洗创面，防治感染，并有杀菌、防腐、除臭及收敛的作用。

（5）鱼石脂

鱼石脂为温和刺激的消毒防腐药，有抑菌、消炎、消肿和轻度镇痛的作用。鱼石脂软膏可治疗皮肤疮疖、丹毒、皮炎等。

（6）生理盐水

生理盐水外用，主要用于清洗创口。

（7）冻疮膏

冻疮膏用于治疗冻疮。

（8）创可贴

创可贴用于小伤口包扎。

（9）外用软膏

外用软膏包括无极膏、绿药膏、皮炎平、达克宁、红霉素软膏等。

十六、常用输液剂

（1）葡萄糖注射液

葡萄糖注射液能够补充体液及热量，用于失水、休克和酸碱中毒等。常用5%、10%葡萄糖注射液静脉滴注，5%葡萄糖注射液为等渗溶液。

（2）生理盐水

生理盐水用于补充体液和电解质。浓度为0.9%，补给量依病人脱水情况而定。

（3）葡萄糖氯化钠注射液

葡萄糖氯化钠注射液用于补充人体所需的水、葡萄糖、钠和氯等。它由5%葡萄糖注射液和0.9%氯化钠组成。

（4）右旋糖酐-40氯化钠注射液（血容量扩充剂）

右旋糖酐-40氯化钠注射液用于各种失血、脱水、创伤和烧伤、感染等引起的休克，是替代血浆的一种较理想的液体。每天可静脉滴注250～500 ml。

（5）甘露醇

甘露醇可治疗颅脑外伤、脑水肿或者急性肾功能衰竭，每次用20%甘露醇250 ml静脉注射或快速滴注。

（6）5%碳酸氢钠、11.2%乳酸钠

5%碳酸氢钠、11.2%乳酸钠两种药都用于治疗代谢性酸中毒及高钾血症。静脉滴注，用量视病情而定。

（7）口服补液盐Ⅱ

口服补液盐Ⅱ可调节水盐、电解质和酸碱平衡，轻中度脱水或严重腹泻时应用。用温开水溶解后口服，2 500～3 000 ml/日，分多次饮用。

【思考题】

1. 常用的急救药品有哪些？
2. 试述常用急救药品的用法。
3. 常用的输液剂有哪些？

第三节
嗜酒和滥用药物的危害

【要点】

嗜酒和滥用药物不仅危害船员个人安全，而且还可能给他人及船舶带来危险。因此，船员应洁身自好，杜绝不良嗜好。

【必备知识】

一、嗜酒的危害

船员饮酒过量,容易造成急性酒精中毒事件的发生。酒精中的乙醇具有脂溶性,可迅速透过大脑神经细胞膜而作用于中枢神经系统,小剂量出现兴奋作用;随着乙醇浓度的增高,可作用于小脑,引起共济失调;极高浓度乙醇将抑制延髓中枢,引起呼吸、循环功能衰竭,严重者可导致死亡。

二、滥用药物的危害

(1)药物滥用者身心健康遭受摧残

药物滥用者必然出现所用药的各类毒性作用。如阿片滥用者常有便秘、恶心、呕吐,甚至呼吸困难等不良反应;而苯丙胺的长期滥用,可导致慢性中毒性精神病的发生。一旦药物滥用产生生理依赖性,停药后即出现严重戒断综合征,使药物滥用者处于极大痛苦与恐怖之中。药物滥用者智力减退,判断力下降,工作效率降低,责任感丧失,身心健康受到严重摧残。

(2)滥用药物过量常致中毒死亡

药物滥用者急性中毒死亡率甚高。造成急性中毒的原因有三:

● 一是吸毒者从非法途径所获的毒品质量差异甚大,实际用量无法掌握,易致过量吸食,造成急性中毒;

● 二是滥用者经过一段时间停药,若再度使用原剂量,因耐受性降低,而产生急性中毒;

● 三是药物滥用者常因精神过度抑郁,蓄意自杀。

(3)降低身体免疫力,并发各种感染

药物滥用者免疫功能降低,抵抗力下降,极易并发各种病毒或细菌感染性疾病,如急性或慢性传染性肝炎,局部脓肿、败血症及心内膜炎等,尤易并发结核病和艾滋病。吸毒者通过共用污染的注射器,经静脉注射方式滥用药物,成为艾滋病传播的重要途径之一。

(4)药物滥用促发犯罪行为

药物滥用者,惯用诈骗、抢劫等犯罪手段获取钱财或毒品。不法分子为贩运和走私毒品,往往结成犯罪团伙,进行非法活动,严重危害社会治安。此外,部分药物依赖患者常因意识恍惚、丧失警觉、失去机械操作敏捷性,而导致航海事故的发生,造成过失性犯罪。

【思考题】

1. 嗜酒的危害有哪些?
2. 滥用药物的危害有哪些?

参考文献

［1］陈兵.基本安全-基本急救.大连:大连海事大学出版社,2020.

［2］葛均波,徐永健,王辰.内科学.北京:人民卫生出版社,2018.

［3］丁文龙,刘学政.系统解剖学.北京:人民卫生出版社,2018.

［4］吴小兰.基本急救.武汉:武汉理工大学出版社,2011.